いつものコーデが見違える！
美眉メイク&プチプラコーデの作り方

玉村 麻衣子 著

Introduction

はじめに

「いつも眉の描き方が同じ」
「数年前から眉の描き方が変わっていない」

このように日々なんとなく眉メイクをしている女性は少なくありません。
しかし、目元以上に顔の印象を大きく左右するのが眉。
眉の描き方ひとつで、顔の印象を女性らしく見せたり、ハンサムに見せたり、
ときには若々しく見せたりすることもできます。

眉は表情を作り、顔の印象をガラリと変える重要なパーツ。
法則とコツさえ分かれば、誰でも簡単に眉メイクでイメージチェンジでき、
色々な雰囲気の自分を楽しむことができます。

そこで今回ご提案したいのは"ファッションに合わせた眉メイクの描き変え法"です。

"ファッション""メイク""ヘアスタイル"は三位一体。
ファッションの系統に合わせてメイクやヘアスタイルを工夫することで、
全体的なバランスがとれ、より魅力的に見せることができます。

特に顔の印象を大きく左右する眉メイクは重要です。
女性らしいワンピースを着ているのに、
太くキリリとしたメンズライクな眉を描いてしまうと、顔と洋服がチグハグに。
全体のバランスが崩れ、どこかあか抜けない雰囲気になってしまいます。

本書では今女性に人気のファッションカテゴリー、
「きれいめカジュアル」「スイートカジュアル」「ハンサム」「リラックス」の
4つを取り上げ、それぞれのテーマに沿った
プチプラアイテムをMIXさせたコーディネートと、
それにマッチする眉メイクをご紹介します。

シーンに合わせて洋服を着替えるように、
ファッションに合わせて眉メイクを描き変えれば、
毎日のオシャレがもっと楽しくなるはず！

美眉アドバイザー　玉村 麻衣子

Contents

Introduction

はじめに —— 02

オシャレを作る基本ルール —— 06
眉デザインの種類と基本ルール —— 08
プチプラMIXでもオシャレに見せる！—— 10

Part _ 1 Elegant Casual —— 12
きれいめカジュアル

EYEBROW きれいめカジュアルの眉レッスン —— 16

大人キレイなシンプルシャツスタイル —— 18
淡く優しい大人のパステルカラー —— 22
ワイルドでカッコいいサファリスタイル —— 26
気取らない飾らないヘルシーカジュアル —— 30
チェックシャツスタイル —— 34
デニムジャケットスタイル —— 36
ロングニットスタイル —— 38

Part _ 2 Sweet Casual —— 40
スイートカジュアル

EYEBROW スイートカジュアルの眉レッスン —— 44

ふわりと風に舞う軽やかなスカートスタイル —— 46
適度な肌見せで色っぽくキュートスタイル —— 50
モノトーンで作る甘めのカジュアルスタイル —— 52
大人ピンクスタイル —— 54
甘辛MIXチュールスカート —— 56

Cordinate Column
デニム —— 58
トレンチコート —— 60
ボーダー —— 62

Part_3 Handsome ___ 64
ハンサム

EYEBROW ハンサムスタイルの眉レッスン ── 68

ストライプを味方につけたシャープなハンサムスタイル ── 70
ニュアンスカラーで作る洗練大人スタイル ── 74
いつものコーデが華やかになるスカーフ使い ── 78
ワントーンコーデ ── 80
レザージャケット ── 82

Part_4 Relax ___ 84
リラックス

EYEBROW リラックススタイルの眉レッスン ── 88

脱力感たっぷりの気取らないスウェットコーデ ── 90
余裕が感じられるロングスカートコーデ ── 94
オールインワン ── 96

Key item
Tシャツ ── 98
コート ── 100
Key point
ヘアスタイル ── 102

Part_5 Eyebrows Lesson ___ 104
アイブロウレッスン／知っておきたい眉メイクテクニック

眉の各名称と基本ルール ── 106
眉の描き方　基本レッスン ── 108
自然に見える眉頭の描き方 ── 110
キレイに見える眉尻の描き方 ── 111
自然に眉を描き足すテクニック ── 112
左右対称に眉を描くコツ ── 113
顔型別！　似合う眉・似合わない眉 ── 114
小顔に見える眉の描き方 ── 116
優しく見える眉の描き方 ── 118
女らしさが際立つ眉の描き方 ── 120
失敗しない眉のお手入れ方法 ── 122
眉メイクアイテムの色選びのポイント ── 124
上手に描ける眉メイクアイテムの選び方 ── 126

Basic Rules
オシャレを作る基本ルール

ファッション、メイク、ヘアスタイル、
3つのバランスがとれたオシャレは以下の流れで組み立てます。

rules_01
**シーンに合わせ、なりたい雰囲気を
具体的にイメージする**

「今日はランチ女子会だからきれいめのカジュアルスタイルにしよう」「今日は仕事で打ち合わせがあるから、きちんとしたハンサムスタイルにしよう」「今日は公園デートだから、女性らしさが感じられるカジュアルスタイルにしよう」など、シーンに合わせてなりたい雰囲気を具体的にイメージします。

rules_02
コーディネートを決める

なりたい雰囲気を意識して、コーディネートを組みます。

rules_03
**イメージに近づくための
眉メイクを決める**

ここでイメージに近づくための眉デザインを決め、メイクを施します（具体的な眉メイクのルールは、8ページ参照）。

rules_04
最後にヘアスタイルを決めて完成

ファッションやメイクを参考に、なりたいイメージに合ったヘアスタイルを施します（よりヘルシーに見せたいときはアップスタイル、色っぽく見せたいときは巻き髪のダウンスタイル…など）。

Eyebrow make up Chart

眉デザインの種類と基本ルール

眉メイクには知っておきたい基本ルールが存在します。
ここでは眉の形、長さ、太さに関する基本ルールをご紹介します。

eyebrow rules_01
女性らしく見せたいときはアーチ型
ハンサムに見せたいときは直線型

曲線で構成されるアーチ型の眉は、優しく女性らしい顔立ちに見せることができます。逆に直線で構成される眉はカッコよくハンサムな顔立ちに。

アーチ型　　　　　直線型

短い　　　　　長い

eyebrow rules_02
短く描くと若々しくヘルシーに
長く描くと大人っぽく華やかに

眉は短めに描くと快活で若々しい印象になり、長めに描くと顔のパーツが強調されることから華やかで大人っぽい印象になります。

eyebrow rules_03
太く描くとメンズライクなしっかり顔に
細く描くと色っぽいアンニュイ顔に

眉は太めに描くと意志が強く、メンズライクな雰囲気になり、細めに描くと大人の色気が漂うアンニュイな雰囲気になります。

太い　　　　　細い

[眉チャート❶]

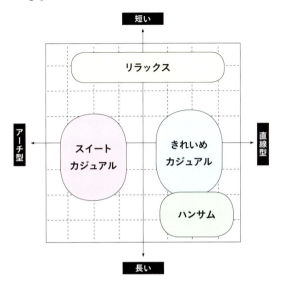

洋服を着替えるように、眉もファッションに合わせて描き変える

アーチ型／直線型、短い／長い、細い／太い に基づくルールを知っておけば、コーディネートのテーマやなりたいイメージに合わせてより似合う眉メイクを導き出すことができます。

きれいめカジュアル …………… 直線型、やや長め、太め

スイートカジュアル …………… アーチ型、やや長め、太め（場合によっては細め）

ハンサム ……………………… 直線型、やや長め、太め

リラックス ……………………… 直線型・アーチ型の両方可、短め、太さは問わず

[眉チャート❷]

細いと大人っぽく、色っぽい顔立ちに。太いと若々しくメンズライクに。

Coordinate Rules

プチプラMIXでもオシャレに見せる！

プチプラアイテムを取り入れるときは、配色や小物とのバランス、着こなし方を意識して、安く見えない工夫をしています。

coordinate rules_01

使用する色は
3色を目安に

アウター、トップス、ボトムス、バッグ、靴……1つのコーディネートの中で色をたくさん使えば使うほど、全体のまとまりがなくなってしまいます。1コーデで使用する色は3色程度におさめるのがおすすめです。

coordinate rules_02

バッグと靴の色を
同系色にする

必ずしも合わせる必要はありませんが、バッグと靴の色を同系色にすると、全体的なまとまりが出やすくなります。

coordinate rules_03
襟、裾、袖はアレンジする

プチプラアイテムに限らず、多くの洋服は"ただ着ただけ"ではオシャレに見えません。袖を折ったりまくったり、裾をインしたりして、アレンジを加えるのもポイント。

coordinate rules_04
顔周りには自分が「似合う」と思う色を

自分が似合うと感じる色と、あまり似合わないと感じる色があるかと思います。似合うと感じる色は、自分の顔を明るく見せてくれる色であることが多いので、顔周りに持ってくるのがおすすめ。顔映りがよくなり、自分自身も着心地がよいと感じられるはず。

coordinate rules_05
勇気がいるカラーアイテムはボトムスで取り入れる

ブルー、ピンク、イエローをはじめとした鮮やかな流行カラーアイテムこそプチプラ価格でゲットしたいところ。「カラーアイテムを着るのには勇気がいる……」という人は、スカートやパンツなどボトムスで取り入れるのがおすすめ。白やネイビーなどシンプルなカラーをトップスに持ってくるだけで旬なスタイルに仕上がります。

tops ... MUJI
bottoms ... ZARA
bag ... PAPILLONNER

定番スタイルは、
袖や裾のアレンジで
こなれ感を

白シャツとデニムの鉄板スタイルは、
裾や袖、襟を折ったり曲げたりしてア
レンジするとこなれ感が出るのでおす
すめ。

and Safari

仲良しの女友達と会う日
映画でも行こうかな…

tops … UNIQLO
bottoms … UNIQLO
bag … UNITED ARROWS

**カーキ×ホワイトで
爽やかな
大人サファリスタイル**

メンズライクな大きめシルエットのカーキシャツは、ホワイトデニムと合わせて爽やかさをプラス。細めのベルトを巻くことでコーディネートのアクセントになります。

and Pastel

tops … UNIQLO   cardigan … UNIQLO
bottoms … ZARA
bag … PAPILLONNER

お買い物にもランチにも
上品×ボーイッシュの
絶妙バランス

ダメージデニムはライトブルーの色味がおすすめ。上品なアンサンブルニットと合わせることで、カジュアルになり過ぎず、大人っぽくきれいめに着こなすことができます。

and Healthy

jacket … ZARA   tops … UNIQLO
bottoms … MUJI   bag … GU

タイトスカートを
プラスしてボーダー
トップスを大人っぽく

カジュアルの定番であるボーダートップス。いつもの着こなしにマンネリを感じたときは、タイトなホワイトデニムスカートと合わせると一気に新鮮で大人っぽい雰囲気に仕上がります。

きれいめカジュアルの眉レッスン

きれいめカジュアルには
こんな眉がおすすめ

Tシャツやデニムなどのカジュアルコーデのときは、眉もメンズライクに仕上げるのがポイント。ただし、大人っぽい雰囲気の"きれいめカジュアル"を目指す場合は、眉をやや長めに描くなど、デザインを一工夫する必要があります。

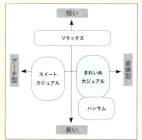

きれいめカジュアル 4つのポイント

- POINT 1　太めの直線ベース
- POINT 2　やや長め
- POINT 3　色はやや濃いめ
- POINT 4　輪郭を描き過ぎない

眉の上下のアウトラインが直線。アイブロウパウダーをメインで使用し、自然に仕上げるのがポイント。

きれいめカジュアル 4つのポイント

POINT 1　太めの直線ベース

直線ベースの眉は意志が強く、メンズライクな印象につながります。眉山までを一直線に描くように意識します。眉の角度は、目頭と目尻を結んだラインを参考にすると自然に仕上がります。また、健康的で快活に見せるには、眉をやや太めに描くのがおすすめです。

POINT 2　やや長め

一般的なカジュアルスタイルには、若々しく快活に見える短めの眉が合いますが、大人っぽい雰囲気のきれいめカジュアルのときは、あえて眉尻を長めに描くのがポイント！　眉尻の位置は、小鼻と目尻を結んだラインの延長線上を目安に描くとバランスがとれます。

POINT 3　色はやや濃いめ

眉の色が薄過ぎると、表情が乏しく不健康そうに見えてしまいます。やや濃いめに描くことでハツラツとした雰囲気に。

POINT 4　輪郭を描き過ぎない

きれいめカジュアルのときは眉もカジュアルに仕上げるのがポイント。アイブロウペンシルできっちりと輪郭を描くのではなく、アイブロウパウダーをメインで使用し、自然に仕上げます。眉尻や眉が足りない部分のみ、アイブロウペンシルを使用します。

これで完成です！

きれいめカジュアル | ELEGANT CASUAL

NO._01. Simple Shirt Style
大人キレイな
シンプルシャツスタイル

tops … Mew's
bottoms … MUJI
bag … FOREVER21

ビッグシルエットの
シャツは袖と裾の
アレンジがポイント

大きめのビッグシルエットシャツは袖を肘下までまくり、裾は中心部分をインしてベルトを見せるのがポイント。ブルー×ベージュの配色は清潔感と上品さが感じられるのでお気に入り。

眉のワンポイントアドバイス
「眉尻はペンシルで細めに」

きれいめカジュアルの基本の眉デザインを意識しつつ、眉尻をキュッと細くするのがポイント。眉尻はアイブロウペンシルで細めに描くと、カジュアルな中にも大人の女性らしさがプラスされます。

きれいめカジュアル

Simple Shirt Style
NO._01

tops … UNIQLO
bottoms … ZARA
bag … FOREVER21

ネイビーのワントーン スタイルは小物使いで 差をつける

カッコよさが際立つネイビー×ネイビー。上下ワントーンで揃えるときは、細めのベルトを差し色にします。靴をパンプスにするときれいな印象に。

tops … MUJI
bottoms … ZARA
stole … BCBGMAXAZRIA
bag … PAPILLONNER

シンプルスタイルには 華やかストールを アクセントに

地味になりやすいシンプルな白シャツ×デニムスタイルは、柄ストールをプラスすると一気に華やかな雰囲気に。足元は肌になじみやすいグレージュのパンプスで。

tops … MUJI
bottoms … MUJI
cardigan … UNIQLO
bag … PAPILLONNER

ニュアンスが プラスできる カーデ肩掛けが便利

シンプルなシャツスタイルに物足りなさを感じたときは、カーディガンを肩掛けするのがおすすめ。コーディネートにメリハリが出ます。

きれいめカジュアル

Simple Shirt Style
NO._01

tops … **UNIQLO**　bottoms … **UNIQLO**
cardigan … **UNIQLO**　bag … **ZARA**

カラーパンツと合わせると
シンプルシャツが新鮮に

シンプルな白のノースリーブのシャツには、目が覚めるような鮮やかカラーのパンツを合わせるとコーディネートが新鮮に。カラーアイテムもボトムスなら取り入れやすいです。

down vest … **PLST**　tops … **GAP**
bottoms … **UNIQLO**　bag … **GU**

ダンガリー×ジョガーパンツは
足元パンプスできちんと感を

ダンガリーシャツにジョガーパンツを合わせてこなれたカジュアルスタイルに。足元をパンプスにすることで女度がグッと上がります。

きれいめカジュアル

Simple Shirt Style
NO._01

coat ··· **COMME CA ISM**　tops ··· **GAP**
bottoms ··· **ZARA**　bag ··· **FOREVER21**

定番トレンチの中は
ワントーンでこなれた雰囲気に

トレンチコートの中をワントーンにまとめるとスッキリとした印象に。トレンチの袖からダンガリーシャツをチラ見せするのがポイント。

coat ··· **UNIQLO**　tops ··· **GAP**
bottoms ··· **MUJI**　bag ··· **COACH**

カジュアルシャツもチェスターコートと
合わせると上品に

カジュアルなダンガリーシャツも、チェスターコートと合わせるときちんと感が出ます。コートは袖を少しまくるとバランスよく着こなせます。

21

きれいめカジュアル | ELEGANT CASUAL

NO._02. Pastel Color
淡く優しい大人の
パステルカラー

tops … UNIQLO
bottoms … ZARA
bag … PAPILLONNER

**顔色を明るく見せてくれる
パステルカラーを
味方につける**

パステルカラーのニットのときは、バッグや靴もなじみやすいグレーやベージュ、白をチョイス。ニットの裾から白のインナーをチラ見せするとコーデにメリハリが出ます。

ワンポイントアドバイス

「明るい色味のパウダーを使用する」

きれいめカジュアルのときは、眉をやや濃いめに描くのが基本ですが、パステルカラー等の淡い色合いの洋服を着るときだけは、眉も少し明るめの色で描くのがポイント。髪色よりも2トーン程度明るい色を選びます。

きれいめカジュアル

Pastel Color
NO._02

jacket … SELECT SHOP
tops … UNIQLO
bottoms … UNIQLO
bag … anatelier

淡い色のデニム
ジャケットならパステル
カラーとも相性抜群

コーデにメリハリが欲しいときは、デニムジャケットをプラス。色が濃すぎないデニムジャケットはパステルカラーとも相性抜群。かごバッグを合わせて軽快な印象に。

tops … UNIQLO
bottoms … UNIQLO
cardigan … UNIQLO
bag … PAPILLONNER

tops … UNIQLO
bottoms … ROPE'
bag … UNITED ARROWS

なじみカラーで
まとめると
大人きれいな雰囲気に

淡いカラーのチノパンには、トップスに白やグレーのなじみカラーを持ってくることで全体的に統一感が生まれ、バランスよく着こなせます。

カラーリネンシャツは
白キュロットで
爽やかに

パステルカラーのリネンシャツは、白キュロットと合わせると爽やかさ倍増。足元はadidasのスタンスミス。スニーカーを合わせてカジュアルダウン。

きれいめカジュアル

Pastel Color
NO._02

tops … UNIQLO　bottoms … UNIQLO
cardigan … UNIQLO　bag … L.L.Bean

リネンシャツにカーディガンを
合わせてマンネリを防止

パステルカラーのリネンシャツとホワイトデニムを合わせるときは、なじみのよいグレーのカーディガンを腰巻きするとメリハリが出ます。

tops … UNIQLO　bottoms … UNIQLO
long knit … UNIQLO　bag … PAPILLONNER

ロングニットと合わせると
膨張色もスッキリ着こなせる

膨張色でもあるパステルカラー。着太りが心配なときは、ロングニットと合わせると縦のラインが強調されるため、スッキリと着られます。

きれいめカジュアル

Pastel Color
NO._02

coat … GALLARDAGALANTE　tops … UNIQLO
bottoms … UNIQLO　bag … FOREVER21

ピンク×ベージュは
優しさ溢れる黄金コンビ

淡い色のチノパンは、冬はベージュのコートと合わせるとやわらかな雰囲気に。ガウンコートは女性らしさもプラスされるのでおすすめ。

coat … SELECT SHOP　tops … UNIQLO
bottoms … UNIQLO　bag … FOREVER21

ダウンもベージュなら
軽やかな印象に

重くなりがちなダウンコートも、明るいベージュを選べば軽やかに着こなせます。グレーや白のインナーと合わせると大人っぽい雰囲気に。

きれいめカジュアル ｜ ELEGANT CASUAL

NO._03. Safari

ワイルドでカッコいい
サファリスタイル

tops ··· UNIQLO
bottoms ··· UNIQLO
bag ··· mimimi

ストライプパンツで
カーキシャツを
よりカッコよく

メンズライクなカーキシャツは、細身のストライプパンツと合わせてきちんと感もプラス。クラッチバッグを合わせてきれいめに仕上げます。

ワンポイントアドバイス

「アイブロウジェルで眉を立たせる」

アイブロウジェルや透明眉マスカラを使用し、眉頭〜眉中までの毛を立たせてあげると、よりワイルドでカッコいい雰囲気がプラスされます。眉毛をしっかりつかんで下から上にジグザグと持ち上げるように使用します。

きれいめカジュアル
Safari
NO._03

tops … ROPE'
bottoms … MUJI
cardigan … UNIQLO
bag … PAPILLONNER

迷彩もグレーなら大人っぽく着こなせる

迷彩柄はグレーベースの色味を選ぶとシックに着ることができます。タイトめのホワイトデニムスカートと合わせ、ニュアンスカラーで全体を統一すると大人っぽく着こなせます。

tops … UNIQLO
bottoms … UNIQLO
bag … BAYFLOW

jacket … SELECT SHOP
tops … GU
bottoms … MUJI
bag … mimimi

メンズライクなカーゴにはノースリで女らしさをプラス

カーゴパンツにはノースリーブのニットを合わせると適度な肌見せ効果で女性らしさがプラスされます。個性的な迷彩柄も小物でなら取り入れやすいのでおすすめ。

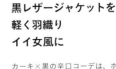

黒レザージャケットを軽く羽織りイイ女風に

カーキ×黒の辛口コーデは、ホワイトデニムスカートと合わせて爽やかさをプラス。ハードなクラッチやサングラスなど、服のテイストに合った小物をチョイス。

きれいめカジュアル

Safari
NO._03

down vest … PLST　tops … GU
bottoms … BAYFLOW　bag … ZARA

定番の迷彩柄も
ネイビーなら爽やかに着こなせる

迷彩柄はブルーベースの色味を選ぶと爽やかに着こなす
ことができます。白のゆるめのVネックTシャツと、
同系色のダウンベストと合わせてラフな雰囲気に。

jacket … SELECT SHOP　tops … GU
bottoms … UNIQLO　bag … mimimi

サングラスをプラスして
ハードなカッコよさを追求

レザージャケットの肩掛けも好きな着こなしのひとつ。
肩掛けすることで重くなり過ぎず、こなれた印象に。足
元はあえてパンプスで女性らしさを残します。

きれいめカジュアル

Safari
NO._03

coat … **COMME CA ISM**   tops … **UNIQLO**
bottoms … **UNIQLO**   bag … **mimimi**

長めトレンチを合わせて
ベージュ×カーキの秋顔に

ボトムスにブラックデニムを合わせて、適度なカジュアルダウンを。トレンチは丈がやや長めのものを選ぶとカッコよく着こなせます。

coat … **UNIQLO**   tops … **GU**
bottoms … **UNIQLO**   bag … **BAYFLOW**

ボリューミーなミリタリーコートは
ジョガーパンツでスッキリと

ボリュームのあるミリタリーコートは、細身のパンツを合わせるとスッキリと着こなせます。あえてパンプスを合わせることできれいめに仕上がります。

きれいめカジュアル｜ELEGANT CASUAL

No. 04. Healthy
気取らない飾らない
ヘルシーカジュアル

tops … UNIQLO
bottoms … UNIQLO
bag … L.L.Bean

**ボーダー×カラー
チノパンで
コーデを新鮮に**

"カジュアルの定番アイテム"でもあるボーダートップスは、カラーチノパンと合わせると新鮮な印象に。パンツの裾は軽く無造作に折り返すのがポイント。

ワンポイントアドバイス
「自然な太眉はこう作る！」

BEFORE

AFTER

いつも通り眉を描いたら、やや薄い色のパウダーをブラシにとり、眉の上のアウトラインより1〜2ミリ程度上、下のアウトラインより1ミリ程度下に、最初に描いた眉のラインをぼかすようにパウダーをのせると、上下に描いた薄いパウダーのラインが膨張効果を生み、眉がボワッと自然に太く見えます。

きれいめカジュアル

Healthy
NO._04

t-shirt … **GU**
tops … **UNIQLO**
bottoms … **UNIQLO**
bag … **L.L.Bean**

カーキのニットベストは裾のTシャツチラ見せがポイント

カーキのような濃い色のニットベストを着るときは、白のTシャツを重ねることでコーデにメリハリが出ます。ベストの下からTシャツを少し見せるのがポイント。

tops … **UNIQLO**
bottoms … **UNIQLO**
shirt … **GAP**
bag … **UNITED ARROWS**

長めのワイドパンツで大人ヘルシーな爽やかコーデ

元気な印象になるスニーカーも、長め丈のワイドパンツと合わせると一気にこなれた雰囲気に。スニーカーが半分見える丈がおすすめ。

tops … **GU**
bottoms … **ZARA**
bag … **FURLA**

Tシャツ重ね着でシンプルコーデにニュアンスを

デコルテが見えるVネックTシャツは、ヘルシーな中にも女性らしさが残るのでおすすめ。シンプル過ぎると感じたときは、鮮やかなグリーンのバッグを差し色に。

きれいめカジュアル

Healthy
NO._04

tops … UNIQLO　bottoms … UNIQLO
shirt … UNIQLO　bag … UNITED ARROWS

down vest … PLST　tops … GU
bottoms … UNIQLO　bag … mimimi

ショートパンツは
スニーカーやハットで健康的に

ショート丈のパンツは、セクシーになり過ぎないように足元をスニーカーにします。シャツを無造作に肩巻きすると適度なボリューム感が出るのでおすすめ。

白T×ダウンベストの
気取らない休日スタイル

白Tシャツにダウンベストを羽織るだけでこなれた休日スタイルに。サングラスはTシャツに掛けるとコーデのアクセントになります。

きれいめカジュアル

Healthy
NO._04

coat ··· COMME CA ISM　tops ··· GU　bottoms ··· UNIQLO
parka ··· UNIQLO　bag ··· SELECT SHOP

パーカとトレンチを合わせた
大人のレイヤードスタイル

トレンチコートの中にパーカを合わせ、レイヤードを楽しみます。チノパンはくるぶしまでロールアップして、足首を見せると足元がヘルシーに見えます。

tops ··· UNIQLO　bottoms ··· UNIQLO
shirt ··· TITE IN THE STORE　bag ··· SELECT SHOP

チェックシャツの腰巻きで
ワントーンコーデのアクセントに

上下白のワントーンコーデのときは、腰にチェックシャツを巻いてメリハリを出します。ニットはボトムスにインした後、適度に引き出すのがポイント。

きれいめカジュアル | ELEGANT CASUAL

NO._05. Check Shirt Style
チェックシャツスタイル

tops ··· UNIQLO　bottoms ··· UNIQLO
shirt ··· UNIQLO　bag ··· COACH

白のワントーンコーデには
ギンガムチェックでメリハリを

上下白のワントーンコーデは、ギンガムチェックのシャツを腰巻きしてメリハリを出します。汚れやすい白もプチプラなら思い切って着られます。

tops ··· GU　bottoms ··· UNIQLO
shirt ··· UNIQLO　bag ··· SELECT SHOP

羽織るだけで様になる
ロング丈のチェックシャツ

ロング丈のシャツをガウン風に羽織ると、気負わないラフなカジュアルスタイルに。スタイルが気になるスニーカーコーデも、ロングシャツなら着やせ効果もアリ。

きれいめカジュアル

Check Shirt Style
NO._05

shirt ··· **UNIQLO**　bottoms ··· **MUJI**
bag ··· **ZARA**

coat ··· **GAP**　tops ··· **UNIQLO**　bottoms ··· **UNIQLO**
shirt ··· **UNIQLO**　bag ··· **COACH**

ギンガムチェックは
タイトスカートと合わせると大人顔に

子供っぽくなりがちなギンガムチェックは、白のタイトスカートと合わせると大人の雰囲気に。足元はスニーカーで抜け感を出します。

ニットスタイルのときは
チェック柄をのぞかせる

冬はシャツの上にニットを重ねます。ニットの襟や裾からギンガムチェックをのぞかせると、コーデのアクセントになります。

きれいめカジュアル | ELEGANT CASUAL

NO._06. Denim Jacket Style
デニムジャケットスタイル

jacket ··· ZARA　tops ··· UNIQLO
bottoms ··· UNIQLO　bag ··· UNITED ARROWS

腰に巻いて
適度なボリューム感を楽しむ

デニムジャケットの腰巻きもおすすめ。腰に巻くことでシンプルコーデのアクセントにもなります。適度なボリュームがあるため、丁度よい存在感が出ます。

jacket ··· ZARA　tops ··· GU
bottoms ··· UNIQLO　bag ··· L.L.Bean

肩掛けするだけで
いつものスタイルが新鮮に

デニムジャケットに腕を通さず、羽織るように肩に掛けると、ありきたりなコーデが洗練されて見えます。袖は軽く折り返しておくのがポイント。

きれいめカジュアル

Denim Jacket Style
NO._06

jacket … ZARA　tops … MUJI
bottoms … N. Natural Beauty Basic　bag … mimimi

ジャケット×ミモレ丈で
洗練スカートコーデを楽しむ

デニムジャケットは、バランスをとるのが難しいと言われるミモレ丈スカートとも相性抜群。中をモノトーンにすると大人っぽく仕上がります。

coat … GALLARDAGALANTE　jacket … ZARA
tops … UNIQLO　bottoms … UNIQLO　bag … L.L.Bean

冬はコートの中にインして
レイヤードを作る

ガウンコートの中にチラリと見えるデニムジャケットがコーデのスパイスに。ZARAのデニムジャケットは着ぶくれせずにスッキリ着られます。

きれいめカジュアル | ELEGANT CASUAL

NO._07. Long Knit Style
ロングニットスタイル

long knit … **UNIQLO**   tops … GAP
bottoms … **UNIQLO**   bag … PAPILLONNER

ブルーシャツと合わせて
きちんとした印象に

ラフなロングニットも、シャツと合わせると清潔感やきちんと感がアップします。ロングニットの袖からシャツを出し、軽く折り返すのがポイント。

long knit … **UNIQLO**   tops … **UNIQLO**
bottoms … **MUJI**   bag … PAPILLONNER

シンプルなロングニットには
チェックストールで差し色を

淡い色のロングニットに物足りなさを感じたときは、差し色となるストールを羽織るのがおすすめ。チェックストールは暖かい印象になります。

きれいめカジュアル

Long Knit Style
NO._07

long knit … UNIQLO   tops … GU
bottoms … ZARA   bag … COACH

ハットや眼鏡
お気に入りの小物をプラス

Tシャツやデニムなどのシンプルなアイテムと合わせるときは、小物で遊びたいところ。ハットや眼鏡をプラスしてこなれ感を。

long knit … UNIQLO   tops … UNIQLO
bottoms … ZARA   bag … FURLA

ニット下のバッグ斜め掛けで
技ありコーデに

シンプルコーデは小物づかいも一工夫。あえてミニサイズの斜め掛けバッグを先に掛け、その上からロングニットを羽織るとあか抜けた雰囲気に。

39

Part _2
Sweet Casual

スイートカジュアル

思わずスキップしたくなる
大人可愛い甘めのカジュアルスタイル

tops … UNIQLO
bottoms … BEAMS
bag … L.L.Bean

カラースカートは
ネイビーニットと合わせて
甘さのバランスを調整

鮮やかカラーのスカートには、ネイビーのVネックニットを合わせてトーンダウン。鮮やかな黄色もベーシックカラーと合わせると大人っぽい印象に。

and Cute

tops ... ZARA   bottoms ... UNIQLO
bag ... anatelier

スモーキーピンクで
顔周りをやわらかな
雰囲気に

ガーリーになりがちなピンクも、スモーキーピンクなら大人の女性も挑戦しやすいのでおすすめです。色っぽいオフショルダーは、デニムと合わせてカジュアルダウン。

and Skirt

down vest … **PLST**　tops … **GU**
bottoms … **Fashion Letter**
bag … **L.L.Bean**

白のチュールスカートは
スポーティーアイテム
と合わせて

白のチュールスカートは、Tシャツとダウンベストに合わせてスポーティーに着るのが好き。甘くなり過ぎず丁度良いバランスになります。チュールスカートはひざ下丈をチョイス。

スカートをはいた日は
自然と仕草も女らしくなる

and Black

cardigan … **UNIQLO**　tops … **GAP**
bottoms … **Fashion Letter**
bag … **UNITED ARROWS**

チュールスカートも
モノトーンなら
大人顔に

女性らしいシルエットのチュールスカートも、モノトーンでまとめると大人っぽい雰囲気に。黒のスカートも、チュール素材なら重くならずに軽やかに着こなせます。

スイートカジュアルの眉レッスン

スイートカジュアルには
こんな眉がおすすめ

スカートやフェミニンなデザインのアイテムを取り入れた"スイートカジュアル"を楽しむ場合は、眉も女性らしく見えるように描くのがポイント。カジュアルスタイルに似合う眉デザインを意識しつつも、女性らしさをプラスしていきます。

eyebrow ▶
chart

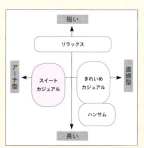

スイートカジュアル 4つのポイント

- POINT 1　アーチ型の眉
- POINT 2　やや太め
- POINT 3　色はやや濃いめ
- POINT 4　輪郭を描き過ぎない

眉の上下のアウトラインが曲線。アイブロウパウダーをメインで使用し、自然に仕上げます。

スイートカジュアル 4つのポイント

> POINT 1　アーチ型の眉

アーチ型の眉は、親しみやすく女性らしい印象につながります。眉全体がアーチ型になるように、眉頭から眉尻までの眉の上のアウトライン、そして下のアウトラインともに曲線を意識して描くのがポイント。元の眉が直線的な人は、無理にアーチ型にするのではなく、眉山がなだらかな曲線になるように意識して描けばOK。

> POINT 2　やや太め

スイートカジュアルのときは、若々しく快活な雰囲気に見せることができる太眉がおすすめ。女性らしいアーチ型をキープしつつ、ある程度太さを持たせて描きます。

> POINT 3　色はやや濃いめ

眉の色が薄過ぎると、表情が乏しく不健康そうに見えてしまいます。やや濃いめに描くことでハツラツとした雰囲気になります。

これで完成です！

> POINT 4　輪郭を描き過ぎない

スイートカジュアルのときは眉もカジュアルに仕上げるのがポイント。輪郭をきっちり描いてしまうとフォーマル感が強くなり、ラフなカジュアルスタイルとは合いません。アイブロウパウダーをメインで使用し、輪郭を描き過ぎないようにします。

スイートカジュアル | SWEET CASUAL

NO._01. Airy volume Skirt

ふわりと風に舞う
軽やかなスカートスタイル

parka ··· **UNIQLO**　　tops ··· **GU**
bottoms ··· **BEAMS**　　bag ··· **L.L.Bean**

明るいイエローは
コーデ全体を
キュートな印象に

家着っぽくなりがちなパーカは、ミモレ丈のカラースカートと合わせるて旬顔に。明るいイエローはコーデの主役に。スニーカーと合わせてキュートに着こなします。

眉のワンポイントアドバイス

「アイブロウパウダーをメインで使用してふんわり描く」

カジュアルスタイルのときは眉の輪郭を描き過ぎないのがポイント。眉尻や眉毛が足りない部分のみアイブロウペンシルを使用し、その他はアイブロウパウダーを使用すると自然に仕上がります。

スイートカジュアル

Airy volume Skirt
NO._01

tops … MUJI
bottoms … BEAMS
bag … UNITED ARROWS

定番の白シャツも
カラースカートで旬な
着こなしに

シンプルな白シャツも、カラースカートと合わせると新鮮さが増し、スッキリ爽やかに着こなせます。シャツの袖は軽く折り返し、裾はスカートにインするのがポイント。

tops … UNIQLO
bottoms … Fashion Letter
bag … PAPILLONNER

グレー×白で作る
上品スイート
スタイル

白のチュールスカートはグレーをはじめとしたニュアンスカラーのトップスと合わせるとキレイな印象に。ニットはクルーネックを選ぶと上品に仕上がります。

jacket … ZARA
bottoms … GU
stole … Banana Republic
bag … mimimi

シンプルコーデには
柄ストールを
プラスして

ダークカラーのミモレ丈スカートは、デニムジャケットと合わせると絶妙なバランスに。首元は柄ストールを合わせると明るさが加わり、コーデのアクセントになります。

スイートカジュアル

Airy Volume Skirt
NO._01

tops … UNIQLO　bottoms … Fashion Letter
stole … UNIQLO　bag … L.L.Bean

tops … UNIQLO　bottoms … GU
bag … FOREVER21

チュールスカートは×スニーカーで甘さを抑えて軽快に

甘めのチュールスカートは、あえてスニーカーと合わせてはずします。ひざ上丈だと子供っぽく見えがちなので、ひざ下丈を選ぶのがポイント。

ミモレ丈スカートの上品スタイルは足元スニーカーではずす

カーキなどの重めカラーのミモレ丈スカートには、ノースリーブのニットを合わせるとスッキリ着られます。足元はあえてスニーカーで抜け感を。

スイートカジュアル

Airy Volume Skirt
NO._01

parka … **UNIQLO**　　tops … **UNIQLO**
bottoms … **BEAMS**　　bag … **L.L.Bean**

カラースカートと合わせると
ボーダートップスが見違える

地味になりがちなボーダートップスも、カラースカートと合わせると一気に新鮮に見えます。寒くなってきたらパーカを肩掛けするとまた違った雰囲気に。

coat … **COMME CA ISM**　　tops … **UNIQLO**
bottoms … **Fashion Letter**　　bag … **L.L.Bean**

チュールスカートと合わせると
ハンサムなトレンチもキュートに

春は、チュールスカートとトレンチの組み合わせもおすすめ。きれいめのトレンチは足元をスニーカーにしてカジュアルダウン。スカートはひざ下丈を選びます。

スイートカジュアル | SWEET CASUAL

NO._02. Romantic Cute

適度な肌見せで
色っぽくキュートスタイル

tops … UNIQLO
bag … anatelier

オフショルダーも
ダークカラーなら
大人っぽく着こなせる

チュニックを肩まで落としてオフショルダー風に着こなしました。色っぽくなりがちなオフショルダーも、ネイビーなら甘くなり過ぎずに品よく着ることができます。

眉のワンポイントアドバイス

「太過ぎない長め眉で色っぽさアップ」

スイートカジュアルのときは、基本的に快活に見える太めの眉が合いますが、肌見せファッションで色っぽさをプラスしたいときだけは、あまり太く描き過ぎないようにするのがポイント。太く描き過ぎると色っぽさが半減してしまいます。

スイートカジュアル

Romantic Cute
NO._02

tops … ZARA
bottoms … ROPE'
bag … UNITED ARROWS

キュロットとサンダルで オフショルダーを 元気よく

オフショルダーはキュロットと合わせると元気な印象に。足元はぺたんこサンダルをチョイス。きれい色トップスは顔映りもよく、肌をイキイキと見せてくれます。

cardigan … UNIQLO
one-piece … LOWRYS FARM
bag … anatelier

長めのリゾート ワンピには カーデが何かと大活躍

海やプール、夏の海外旅行にはロングタイプのリゾートワンピースがおすすめ。カーディガンを肩掛けして肌見せ具合を調整したり、冷房対策に利用したりします。

tops … Andemiu
bottoms … UNIQLO
bag … GU

フリルキャミを プラスすると いつもの服が大人可愛く

胸元がざっくり開いたVネックトップスは、適度な女性らしさを醸し出せるのでお気に入り。フリルキャミソールと合わせると、大人キュートな雰囲気に。

51

スイートカジュアル | SWEET CASUAL

NO._03. Black Sweet

モノトーンで作る
甘めのカジュアルスタイル

cardigan : UNIQLO
tops : UNIQLO
bottoms : N. Natural Beauty Basic
bag : GU

**モノトーンで統一して
ボーダースカートを
レディ風に**

カジュアルになりがちな太めのボーダー柄も、モノトーンで統一すると洗練された印象に仕上がります。カーディガンをサラッと肩掛けして女度をアップさせます。

眉のワンポイントアドバイス

「黒に負けないように眉色は濃いめを意識」

黒色のトップスを着るときに眉を薄く描くのはNG。顔全体がぼやけ、顔がトップスの黒色に負けてしまいます。髪色と同じ濃さのパウダーを使用するのが成功の秘訣。ただし、輪郭はあくまでナチュラルに描くのが理想。

スイートカジュアル

Black Sweet
NO._03

shirt … MUJI
long knit … UNIQLO
bag … GU

白シャツをインして
清潔感溢れる
ワンピスタイルに

グレーのゆったりとしたロングニットワンピースは、全身がのっぺりしがち。中に白シャツを着ることで違うニュアンスが加わり、スッキリ見えます。チェックストールをアクセントに。

tops … GU
bottoms … GU
bag … mimimi

黒×カーキの配色は
ミモレ丈スカートで
可愛いシルエットに

ローゲージのメンズライクなニットも、ミモレ丈のスカートと合わせるとキュートな印象に。眼鏡をプラスして抜け感を出します。

cardigan … UNIQLO
tops … UNIQLO
bottoms … Fashion Letter
bag … mimimi

黒のチュールスカートは
モノトーンで
スタイリッシュに

上品なアンサンブルニットには、黒のチュールスカートを合わせて異素材感を楽しみます。モノトーン配色で沈みがちなときは、パールのネックレスをアクセントに。

スイートカジュアル | SWEET CASUAL

NO._04. Pink Style
大人ピンクスタイル

jacket … SELECT SHOP　　tops … UNIQLO
bottoms … UNIQLO　　bag … anatelier

tops … UNIQLO　　bottoms … UNIQLO
bag … FOREVER21

チノパンは裾を折って
足首を見せるのがポイント

淡いピンクのチノパンは、はくだけで大人キュートな印象に。裾を無造作に折り曲げてラフにはきます。足首を見せ、パンプスと合わせると女性らしい着こなしに。

ピンクもワイドパンツなら
甘過ぎず大人っぽい印象に

ピンクもグレーがかったスモーキーピンクなら大人の女性も取り入れやすいのでおすすめ。ワイドパンツは甘くなり過ぎず、大人っぽく着こなせます。

スイートカジュアル

Pink Style
NO._04

tops ··· **UNIQLO**　　t-shirt ··· **GU**
bottoms ··· **MUJI**　　bag ··· **FOREVER21**

ピンク×ベージュで
落ち着いた雰囲気に

明るいピンクのニットは、ベージュのパンツと合わせると落ち着いた大人の雰囲気に。ニットの裾から白のTシャツを少し見せるとアクセントになります。

cardigan ··· **UNIQLO**　　tops ··· **UNIQLO**
bottoms ··· **MUJI**　　bag ··· **FURLA**

ピンク×グリーンの
鮮やか配色を楽しむ

彩度が高めのチェックシャツは、ホワイトデニムスカートと合わせるとスッキリ爽やかな印象に。鮮やかな色合いのバッグをコーデのスパイスに。

スイートカジュアル | SWEET CASUAL

NO._05. Tulle Skirt
甘辛MIXチュールスカート

tops … UNIQLO　bottoms … Fashion Letter
bag … L.L.Bean

定番ボーダーは
バンダナをアクセントに

カジュアルの定番アイテムであるボーダーも、白チュールスカートと合わせると新鮮に見えます。ワンポイントで首にバンダナを巻きます。

tops … GU　bottoms … Fashion Letter
bag … Accommode

シンプルTシャツには
ひとくせクラッチを投入

白チュールスカート×Tシャツというシンプルなコーデのときは、コーデの主役になるような個性的な柄や色のクラッチバッグを合わせます。

スイートカジュアル

Tulle Skirt
NO._05

jacket … ZARA　　tops … UNIQLO
bottoms … Fashion Letter　　bag … UNITED ARROWS

キャラクターTシャツで
アンバランスさを楽しむ

メンズライクなキャラクターTシャツではずすと、甘くなりがちな白チュールスカートがまた違った印象に。上下のアンバランスさがお気に入り。

jacket … SELECT SHOP　　tops … GAP
bottoms … Fashion Letter　　bag … BAYFLOW

レザージャケットで
甘辛アイテムをプラス

ふんわりやわらかな素材のスカートには、あえてハードなレザージャケットを合わせて甘辛MIXコーデに。異素材の掛け合わせを楽しみます。

Coordinate Column 1

DENIM
デニム

スイートカジュアル

きれいめカジュアル

Elegant Casual 1

ダメージデニムが一本あれば
抜け感コーデが叶う

メンズライクなダメージデニムは、パンプスと合わせるときれいめにも着こなせます。色はライトブルーがおすすめ。シャツやニット、スイートなトップスのはずしアイテムとして使えます。

tops … MUJI　bottoms … ZARA
cardigan … UNIQLO　bag … PAPILLONNER

細ベルト＆パンプスを合わせると
きれいめに着こなせる

白シャツ×デニムの定番コーデは、腰に細いベルトを巻き、カーディガンを肩に掛けることで品よくきれいめに着こなすことができます。足元はパンプスがおすすめ。

きれいめカジュアル

Elegant Casual 2

スイートカジュアル

Sweet Casual

tops … **MUJI**　bottoms … **ZARA**
bag … **UNITED ARROWS**

tops … **UNIQLO**　cardigan … **UNIQLO**
bottoms … **ZARA**　bag … **ZARA**

ハットやバンダナで
こなれたカジュアルスタイルに

白シャツを合わせる場合、ハットやバンダナなどの小物をきかせるとまた違う印象に。ワンランク上のカジュアルスタイルに仕上がります。

淡い色を合わせると
愛嬌溢れる着こなしに

トップスに淡いきれいな色を持ってくると、デニムを爽やかに着こなすことができます。フリルキャミソールを裾から見せたり、ミニバッグを合わせるとキュートな印象に。

Coordinate Column **2**

TRENCH COAT
トレンチコート

ベージュトレンチは
合わせるアイテム次第で
何通りも楽しめる

春・秋のアウターとして使い勝手がいいベージュのトレンチ。上品でシンプルなデザインだからこそ、合わせるアイテム次第でカジュアルにもハンサムにも、女性らしくも見せることができます。

きれいめカジュアル

Elegant Casual

coat … COMME CA ISM　tops … GU
bottoms … ZARA　bag … FOREVER21

VネックTシャツ&デニムで
トレンチをカジュアルに

きれいめカジュアルに着こなすときは、VネックのTシャツとダメージデニムを合わせます。トレンチコートをダメージデニムがカジュアルダウンしてくれます。

スイートカジュアル	ハンサム
## Sweet Casual	## Handsome

coat ··· **COMME CA ISM**　tops ··· **UNIQLO**
bottoms ··· **BEAMS**　bag ··· **GU**

ボーダー＆カラースカートで
女性らしいシルエットに

スイートカジュアルに着こなすときは、鮮やかなカラースカートと合わせるのがポイント。コートの前は閉じて軽く結びます。

coat ··· **COMME CA ISM**　tops ··· **UNIQLO**
bottoms ··· **UNIQLO**　bag ··· **COACH**

シャツ＆きれいめパンツで
とことんカッコよく

ハンサムに着こなしたいときは、ベージュのトレンチコートにネイビーのような濃い色のシャツを着るとコントラストが生まれ、カッコ良く仕上がります。

Coordinate Column **3**

STRIPED SHIRT
ボーダー

きれいめカジュアル

Elegant Casual

定番のボーダートップスは
ボトムスで魅せる

カジュアルスタイルの定番アイテム・ボーダートップス。誰もが持っている定番アイテムだけに、着こなしがマンネリ化してしまうことも。そんなときは、ボトムス合わせを工夫するとボーダーが新鮮に。

jacket … ZARA　　tops … UNIQLO
bottoms … UNIQLO　　bag … GU

きれい色パンツと合わせると
ボーダーが一気に新鮮に

ボーダーはあえてきれい色のアンクルパンツと合わせると洗練されて見えます。デニムジャケットは羽織るように肩掛けします。

スイートカジュアル	リラックス
## Sweet Casual	## Relax

tops … **UNIQLO**　bottoms … **Fashion Letter**
parka … **UNIQLO**　bag … **L.L.Bean**

tops … **UNIQLO**　long knit … **UNIQLO**
bottoms … **UNIQLO**

チュールスカートと合わせると
大人キュートな印象に

ボーダーは白のチュールスカートと合わせると、軽やかでやわらかな雰囲気に仕上がります。スカートはひざ下のミモレ丈がおすすめ。大人っぽく着こなせます。

ジョガーパンツとロングニットで
ボーダーもスタイルアップ

ジョガーパンツと合わせるとおしゃれに見せることができます。ロングニットを合わせてIラインを強調すれば、スニーカーでもスタイルアップが期待できます。

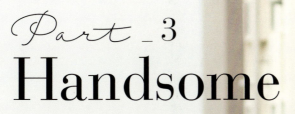

Part _3
Handsome

ハンサム

カッコいいけど女性らしい
イイ女風キリッとクールな洗練スタイル

coat … **COMME CA ISM**
tops … **UNIQLO**
bottoms … **MUJI**
bag … **mimimi**

シンプルなトレンチ
スタイルには首元スカーフで
華やかさを

顔周りに華やかなスカーフがチラ見え
することで、定番のトレンチコートが
印象的に。襟を軽く立て袖をまくると
こなれた雰囲気に。

and Simple

打ち合せがある日は
シャツ×パンツで気合いをいれる

tops … UNIQLO
bottoms … MUJI
cardigan … GOUT COMMUN
bag … GU

パキッとカラーを
プラスして
ハンサムな差し色に

シンプルな白シャツは、タイトめのアンクルパンツと合わせることでキリッとしたハンサムコーデに。鮮やかな色のカーディガンはコーデの差し色に使えます。

and Stripe

tops … UNIQLO
bottoms … UNIQLO
cardigan … UNIQLO
bag … FOREVER21

クールになり過ぎないように白ニットでほどよくまろやかに

メンズライクなストライプパンツには、クールになり過ぎないように白ニットベストを合わせて爽やかさをプラス。汚れやすい白アイテムはユニクロをかしこく使います。

and Pale tone

tops … SELECT SHOP
cardigan … UNIQLO
bottoms … MUJI
bag … FOREVER21

黒×ベージュの配色で知的な雰囲気を作る

知的に見える黒と、上品に見えるベージュの組み合わせは、落ち着いた印象に。靴とバッグも同系色で揃えると、コーデ全体に統一感が生まれ、失敗しにくくなります。

ハンサムスタイルの眉レッスン

ハンサムスタイルには
こんな眉がおすすめ

キリッと洗練されたハンサムスタイルを楽しむ場合は、眉もカッコよく仕上げるのがポイント。服がクールでカッコいいのに、眉が女性らしかったり、ナチュラル過ぎたりすると、服と顔がチグハグになってしまいます。

ハンサムスタイル4つのポイント

- POINT 1　やや角度のある直線ベース
- POINT 2　眉尻は細く
- POINT 3　色はやや濃いめ
- POINT 4　輪郭をしっかり描く

眉の上下のアウトラインは直線。アイブロウペンシルで輪郭をしっかり描く。

ハンサムスタイル4つのポイント

POINT 1　やや角度のある直線ベース

直線ベースの眉は意志が強く、ハンサムな印象につながります。眉山までを一直線に描くように意識します。眉の角度は目頭と目尻を結んだラインを参考に、それよりやや角度をつけて描くとよりカッコいい雰囲気に。フェイスラインもシャープに見えます。

POINT 2　眉尻は細く

アイブロウペンシルで眉尻をキュッと細く描くことで、大人っぽくきれいな印象につながります。逆に眉尻が細くなっていないと、だらしない雰囲気に見えることもあるので要注意。

POINT 3　色はやや濃いめ

クールでハンサムな洋服を着るときは、眉をやや濃いめに描くのがポイント。眉の色が薄過ぎると、弱々しく見えることもあり、洋服に顔が負けてしまいます。やや濃いめに描くことで意志が強く、しっかりとした顔立ちに近づけます。

POINT 4　輪郭をしっかり描く

カジュアルスタイルのときは輪郭を描き過ぎずナチュラルに仕上げましたが、ハンサムスタイルのときはアイブロウペンシルで輪郭をしっかり描くのがポイント。キリリとした雰囲気に見せることができます。

これで完成です！

ハンサム / HANDSOME

NO._01. Stripe

ストライプを味方につけた
シャープなハンサムスタイル

shirt … MUJI
cardigan … UNIQLO
bottoms … MUJI
bag … GU

襟や袖をアレンジして
適度な
肌見せを意識

シャツは必ずアレンジを加えます。袖は軽くまくり、胸元のボタンは2〜3個開けて着ると抜け感が出るのでおすすめ。主張が強いストライプシャツは、カーディガンを肩掛けするとコーデ全体がマイルドに。

眉のワンポイントアドバイス

「眉山に角度をつけて知的な印象に」

シャープなストライプ柄を身に着けるときは、ハンサムスタイルの基本的な眉デザインをベースに、アイブロウペンシルを使用して眉山に少し角度をつけるのがおすすめ。より知的な雰囲気に仕上がります。

ハンサム

Stripe
NO._01

jacket … UNIQLO
tops … UNIQLO
bottoms … UNIQLO
bag … GU

夏はストライプ柄の
シアサッカー
ジャケットが爽やか

ストライプジャケットは、シアサッカー素材のものがおすすめ。夏でも軽やかに着こなせます。カラーパンツと合わせると印象的なコーディネートに。オフィスでの爽やかなクールビズスタイルにもピッタリ。

tops … MUJI
bottoms … UNIQLO
long knit … UNIQLO
bag … PAPILLONNER

グレーと白の中間色で
ストライプを
大人っぽく着こなす

シックな色合いのストライプパンツは、グレーや白などの中間色と合わせるときれいにまとまります。小物も中間色で統一。眼鏡をシャツに掛けるとアクセントになります。

tops … UNIQLO
bottoms … UNIQLO
bag … mimimi

シャープなパンツのときは
靴やバッグも辛口に

ハンサムなネイビーシャツと合わせるなら、徹底的にカッコよさを追求。靴やバッグは黒で統一し、辛口に着こなします。シャツの裾はインして少し引き出すとこなれた雰囲気に。

ハンサム

Stripe
NO._01

jacket … **22 OCTOBRE**　tops … **GAP**
bottoms … **UNIQLO**　bag … **GU**

tops … **GU**　bottoms … **UNIQLO**
bag … **GU**

かっちりジャケットは
ダンガリーシャツではずすのがコツ

ジャケットと合わせるときは、かっちりし過ぎないようにシャツをダンガリーにしてカジュアルダウン。袖から少しシャツを出して折り返します。

ローゲージニットと合わせると
旬顔コーデに

シャープな印象になりがちなストライプパンツも、ローゲージのざっくりニットと合わせると少しマイルドな印象に。パールネックレスで女性らしさもプラスします。

ハンサム

Stripe
NO._ 01

coat … **COMME CA ISM**　　shirt … **MUJI**
bottoms … **UNIQLO**　　bag … **PAPILLONNER**

お気に入りの配色で
トレンチコーデを爽やかに

定番のベージュトレンチコートには、ブルー系のストライプシャツが相性抜群。ボトムスに白のワイドパンツを合わせると、爽やかな配色で清潔感もアップ。

coat … **UNIQLO**　　tops … **UNIQLO**
bottoms … **UNIQLO**　　bag … **COACH**

チェスターコートと合わせると
ストライプがよりハンサムに

メンズライクな色合いのストライプパンツは、冬はチェスターコートと合わせてトラッド風に。中のニットをライトグレーにすることで、やわらかさをプラス。

ハンサム | HANDSOME

NO._02. Pale Tone

ニュアンスカラーで作る
洗練大人スタイル

tops … UNIQLO
bottoms … MUJI
stole … Banana Republic
bag … GU

ストールやバッグも
ニュアンスカラーを
チョイス

グレーと白の中間色コーデのときは、小物もニュアンスカラーで統一するとなじみやすく、全体のバランスがとれます。ぼやけたな…と思ったときは大きめのアクセサリーでメリハリを。

眉のワンポイントアドバイス

「眉だけ浮かないように明るい色でしっかり描く」

ハンサムスタイルのときは、眉を濃い色で描くのが基本ですが、淡い色でまとめたコーディネートのときだけは、眉も明るめの色で描きます。目安は髪色よりも2トーン程度明るい色。ただし、輪郭はしっかり描くように意識します。

ハンサム

Pale Tone
NO._02

tops … UNIQLO
bottoms … UNIQLO
bag … PAPILLONNER

膨張色は
ボリュームアクセで
コーデにメリハリを

ベージュと白の掛け合わせは上品な印象に。肌なじみのよいベージュのニットには、パールの重ね付けで華やかさをプラス。大人の余裕が感じられるコーデに。

tops … UNIQLO
bottoms … UNIQLO
long knit … UNIQLO
bag … GU

ピンクの
ワイドパンツは
×グレーで大人顔に

可愛くなりがちなピンクも、淡いピンクグレーならどんな色とも合わせやすく、大人っぽく着られます。グレーと合わせると落ち着いた雰囲気に仕上がります。

tops … UNIQLO
bottoms … UNIQLO
stole … Banana Republic
bag … PAPILLONNER

中間色の柄ストールは、
寂しさ回避の
優秀アイテム

中間色でまとめたときに、少しコーデに物足りなさを感じたら、柄ストールでメリハリをプラス。ストールも中間色をチョイスするとなじみやすいのでおすすめ。

ハンサム

Pale Tone
NO._02

tops … UNIQLO　　bottoms … UNIQLO
cardigan … UNIQLO　　bag … GU

「淡×淡」の配色には
インナーチラ見せがカギ

淡いアイスブルーはグレーと合わせると落ち着いた印象に。ニットの裾から白のインナーをチラ見せするのがポイント。コーデの間にメリハリが生まれます。

tops … UNIQLO　　bottoms … MUJI
stole … Banana Republic　　bag … FOREVER21

シンプル配色には
スパイスとなる小物をプラス

コーデに物足りなさを感じたときは、大きめアクセや柄ストールを追加して、メリハリを出すのがポイント。ベージュのアンクルパンツは足長効果も期待できます。

ハンサム

Pale Tone
NO._02

tops ⋯ **MUJI**   bottoms ⋯ **MUJI**
bag ⋯ **PAPILLONNER**

白のワントーンコーデには
ベージュ投入が間違いなし

上下白のワントーンコーデの差し色も、ベージュならこぎれいにまとまります。上品なベージュの小物がきちんと感をアップ。エレガントな印象に。

coat ⋯ **GALLARDAGALANTE**   tops ⋯ **UNIQLO**
bottoms ⋯ **UNIQLO**   bag ⋯ **PAPILLONNER**

厚手のコートは
中間色でまとめるとまろやかに

重くなりがちな厚手の冬のコートも、ライトグレーのニットや白のパンツと合わせると軽やかに。キャメル×中間色の配色はコーデ全体を格上げしてくれます。

ハンサム | HANDSOME

NO._03. Scarf

いつものコーデが華やかになるスカーフ使い

tops … MUJI
bottoms … MUJI
scarf … ROPE'
bag … mimimi

スカーフをプラスして顔周りをグッと華やかに

白シャツ×黒パンツのモノトーンコーデには、スカーフで華やかさをプラスします。三角になるように半分に折り、首の後ろで結びます。

眉のワンポイントアドバイス

「眉をやや長めに描いて華やかに見せる」

首周りに華やかなスカーフを持ってくるときは、ハンサムスタイルの基本の眉デザインを意識しつつ、眉を長めに描くのがポイント。顔にも華やかさがプラスされます。眉尻は小鼻と目尻を結んだラインの延長線上を目安に。

ハンサム

Scarf
NO._03

tops … **Andemiu**
bottoms … **UNIQLO**
scarf … **ZARA**
bag … **mimimi**

シンプルコーデには
スカーフを
大胆に巻く

ネイビーのシンプルトップスには、補色にあたるオレンジ系のスカーフを首元にプラスすると効果的なアクセントに。コーデが一気に華やぎます。

tops … **UNIQLO**
bottoms … **UNIQLO**
scarf … **ZARA**
bag … **GU**

ちょこっと巻きなら
嫌味なく
取り入れられる

スカーフは細く折って首に巻くと、派手になり過ぎず、適度なスパイスになってくれます。高級感がプラスされ、プチプラアイテムがワンランクアップして見えます。

coat … **UNIQLO**
tops … **GAP**
bottoms … **MUJI**
scarf … **ROPE'**
bag … **COACH**

重くなりがちな
コートにもスカーフで
明るさをプラス

色が濃い厚手のコートは重く見えがち。そんなとき、首元にスカーフを巻くだけで、一気に洗練された華やかな雰囲気に。ブルーベースのスカーフは爽やかな印象に。

ハンサム | HANDSOME

NO._04. One tone
ワントーンコーデ

tops … Andemiu　bottoms … UNIQLO
stole … Banana Republic　bag … UNITED ARROWS

明るい小物使いで
オールネイビーを軽やかに

暗くなりがちなネイビー×ネイビーは、明るい色味の柄ストールを巻くと顔周りが明るく華やかに。クラッチとサンダルで涼し気な装いに。

tops … UNIQLO　bottoms … UNIQLO
bag … FOREVER21

細めのベルトは
アクセントに最適

膨張色である白のワントーンコーデは、細めのベルトを巻くとコーデにメリハリが出ます。小物は同系色でまとめると全身がスッキリと見えるのでおすすめ。

ハンサム

One tone
NO._04

tops … UNIQLO   bottoms … green label relaxing
cardigan … UNIQLO   bag … mimimi

同系色もグラデーションだと
取り入れやすい

一見難しそうなワントーンコーデも、上下グラデーションにするとバランスがとりやすいです。トップスと同系色のカーディガンを肩巻きしてニュアンスを出します。

coat … GALLARDAGALANTE   tops … GU
bottoms … MUJI   bag … FOREVER21

黒のワントーンには
バッグをあえて斜め掛けに

キャメル×黒のコントラストでかっこよく。黒のワントーンコーデは着やせ効果も期待できます。チェーンバッグを斜め掛けにしてコーデのワンポイントに。

ハンサム | HANDSOME

NO._05. Leather Jacket
レザージャケット

jacket … SELECT SHOP　tops … GU　bottoms … UNIQLO
cardigan … IÉNA　bag … mimimi

jacket … SELECT SHOP　tops … UNIQLO
bottoms … MUJI　stole … GU　bag … GU

カラーパンツとボーダーで
適度な抜け感を

鮮やかなカラーパンツで少し外すとコーデが新鮮に。カッチリなり過ぎないようにボーダーカーディガンを腰巻きしてカジュアルダウン。

白とグレーを合わせて
まろやかさをプラス

辛口になりやすいレザージャケットは、白のデニムスカートと合わせると女度がアップ。バッグと靴も黒で統一するとバランスがとれます。

ハンサム

Leather Jacket
NO._05

jacket … SELECT SHOP　tops … GU
bottoms … UNIQLO　bag … GU

jacket … SELECT SHOP　tops … UNIQLO
bottoms … UNIQLO　bag … FOREVER21

中を白のワントーンにすると
より洗練された印象に

辛口のレザージャケットの中を白のワントーンでまとめると、爽やかさがプラスされ、上質なコーディネートに。パールネックレスをアクセントに。

ベージュ配色で
レザーを上品に着こなす

レザージャケットにサラリとした生地のワイドパンツを合わせると、ドレッシーな雰囲気に。中をベージュ×白にすることで上品に仕上がります。

Part_4
Relax

リラックス

服もメイクもあえてがんばらない
気負わない日のゆるっと楽チンコーデ

parka … **UNIQLO**
tops … **GU**
bottoms … **etii shop**
bag … **Accommode**

地味になりがちな
パーカにはカラーマキシを
合わせて新鮮に

グレーのパーカに淡い色のマキシスカートを合わせるとなじみやすく、新鮮な印象に。個性的なクラッチバッグをコーデのアクセントに。

and All-in-One

ちょっとお散歩…そんなときは
オールインワン×ペタンコサンダル

all-in-one ... UNIQLO
cardigan ... UNIQLO
bag ... UNITED ARROWS

さりげないカーデ肩掛けで
オールインワンに
こなれ感を

シンプルな黒のオールインワンには、カーディガンを軽く肩に巻いてニュアンスを出します。こなれ感を出したいので、足元はビルケンシュトックのサンダルを合わせてラフに。

and Shirt

shirt … GAP
tops … GU
bottoms … GU
bag … Accommode

ゆるっと
マキシスタイルには
シャツ肩掛けで抜け感を

シャツは腰巻きだけでなく、肩掛けしてもOK。マキシスカートをゆるっと着たいときは、よくシャツを肩掛けします。シャツは無地でも、ダンガリーでも、チェックシャツでも合わせられます。

and Sweat

cardigan … UNIQLO
tops … GU
bottoms … UNIQLO
bag … BAYFLOW

スウェットパンツは
ロングカーデと
合わせてスタイリッシュに

家着っぽくなりがちなスウェットパンツは、ロングカーディガンと合わせるとこなれた雰囲気に。カーディガンは腕を通さずにさらっと肩に掛けるのがポイント。

リラックススタイルの眉レッスン

リラックススタイルには
こんな眉がおすすめ

リラックスしたい日は、自眉を活かしたごく自然な眉メイクがおすすめ。メイクやファッションがナチュラルなのに、眉だけしっかり描いてしまうと、眉が強調され過ぎて不自然な印象になってしまいます。

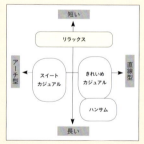

eyebrow chart ▶

リラックススタイル2つのポイント

POINT 1　自眉を活かし、
　　　　　パウダーで色を足す程度

POINT 2　やや短め

眉はやや短めを意識。アイブロウパウダーをメインで使用し、自然に仕上げます。

EYEBROW TECHNIQUE

リラックススタイル2つのポイント

POINT 1 自眉を活かし、パウダーで色を足す程度

特にナチュラルメイクのときは、眉もごく自然に仕上げるのがポイント。アイブロウパウダーを少量ブラシにとり、眉毛と眉毛の隙間を埋めるようにブラシを左右に動かしながら色をのせます。
眉中はもともと太く濃い眉毛が生えている部分なので、ある程度パウダーをしっかりのせてもOK。眉山〜眉尻は、眉中に比べてもともと毛の量が少ない部分なので、あまり濃く色をのせないように意識すると、自然な眉毛のグラデーションが生まれ、より自眉風に仕上がります。

POINT 2 やや短め

眉は長く描くと大人っぽく華やかな印象になり、短く描くと若々しく自然な印象に仕上がります。シンプルで飾らないリラックススタイルのときは、やや短めに描くのがおすすめ。眉尻は口角と目尻を結んだラインの延長線上を目安に。

その他ポイント! 眉が細い人はアイブロウジェルがおすすめ

眉毛が細くてコシがないという人は、仕上げにアイブロウジェルを使用するのがおすすめ。眉一本一本にハリとツヤが出て、自眉の魅力がアップします。

これで完成です!

リラックス ｜ RELAX

NO._01. Sweat Coordinate

脱力感たっぷりの
気取らないスウェットコーデ

parka … **UNIQLO**　　tops … **GU**
bottoms … **BAYFLOW**　　bag … **L.L.Bean**

シンプルな
パーカスタイルは
迷彩スカートで遊び心を

シンプルなグレーのパーカには、個性的な迷彩スカートを合わせて遊び心を加えます。主張が強い迷彩スカートも、パーカとなら相性抜群。ヘアスタイルはラフにまとめます。

眉のワンポイントアドバイス

「足りない眉毛はリキッドで描き足す！」

眉の一部が生えてこない……という人におすすめのアイテムがアイブロウリキッド。眉毛が足りない部分にアイブロウリキッドで毛を一本一本細く描き足し、その上からアイブロウパウダーをのせると自然な仕上がりになります。

リラックス

Sweat Coordinate
NO._01

parka … UNIQLO
tops … UNIQLO
bottoms … UNIQLO
bag … L.L.Bean

カジュアル小物で
気取らない
お散歩コーデに

グレーのパーカとボーダーを合わせるときは、ボトムを白にすると爽やかな印象に。シンプルになり過ぎないように、ニット帽をプラスしてコーデのアクセントに。

parka … UNIQLO
all-in-one … UNIQLO
bag … mimimi

パーカ×オールインワンの
洗練リラックス
スタイル

パーカの中にオールインワンを着ることで、ラフな中にもきちんと感が生まれます。ポインテッドトゥシューズを選ぶとコーデ全体がスタイリッシュに仕上がるのでおすすめ。

shirt … GAP
bottoms … UNIQLO
bag … L.L.Bean

シャツの裾は
前だけインして
ルーズに着るのがポイント

スウェットパンツは、シャツと合わせると、抜け感のあるお散歩コーデに。シャツの裾は前だけインするのがポイント。袖も軽く折り返してアレンジを加えます。

リラックス

Sweat Coordinate
NO._01

parka ··· **UNIQLO**　tops ··· **GU**
bottoms ··· **UNIQLO**　bag ··· **FURLA**

モノトーンコーデは
鮮やかなカラーバッグをスパイスに

パーカはジョガーパンツと合わせるとスポーティーなリラックススタイルに。コーデがシンプルなときは、眼鏡やカラーバッグをスパイスに。

shirt ··· **UNIQLO**　tops ··· **GU**
bottoms ··· **UNIQLO**　bag ··· **UNITED ARROWS**

スウェットパンツは
ロングシャツでスタイルアップ

スウェットパンツはシルエットが気になる…という人は、お尻がすっぽり隠れるロングシャツを羽織るのがおすすめ。シルエットの不安解消につながります。

リラックス

Sweat Coordinate
NO._01

cardigan … ZARA　　tops … GU
bottoms … UNIQLO　　bag … L.L.Bean

ガウンタイプの黒ニットは
羽織るだけでおでかけOK

スウェットパンツは、黒のロングニットと合わせるとスタイリッシュな雰囲気に。ボリュームのあるガウンタイプは羽織るだけでニュアンスが出るのでおすすめ。

coat … nano・universe　　tops … UNIQLO
bottoms … UNIQLO　　parka … UNIQLO　　bag … L.L.Bean

パーカ×トレンチで
小ワザをきかせたコーデに

寒くなってきたら、トレンチコートの中にパーカを着てレイヤードも楽しみます。袖は肘下までクシャッとラフにまくり上げるとスッキリ見えます。

リラックス　RELAX

NO._02. long skirt

余裕が感じられる
ロングスカートコーデ

shirt … UNIQLO
tops … UNIQLO
bottoms … GU
bag … UNITED ARROWS

チェックシャツを
ゆるっと巻いて
コーデのアクセントに

野暮ったくなりがちなスウェット生地のマキシスカートは、チェックシャツを腰巻きしてコーデにメリハリを出します。腰骨の位置まで落としてゆるっと巻くのがポイント。

眉のワンポイントアドバイス

「眉山に丸みをもたせる」

やわらかな素材のロングスカートをはくときは、リラックススタイルの基本の眉を意識しつつ、眉山に丸みをもたせて描くのがおすすめ。眉山が丸いと女性らしい雰囲気がプラスされるので、スカートスタイルのときにピッタリ。

リラックス

long skirt
NO._02

tops … GU
bottoms … etii shop
bag … Accommode

カラーマキシは
グレーTシャツで
大人っぽく

淡いカラーのマキシスカートはグレーTシャツとなじみやすいのでおすすめ。コーデがシンプル過ぎると感じたときは、個性派クラッチバッグでアクセントを。

parka … UNIQLO
tops … UNIQLO
bottoms … GU
bag … UNITED ARROWS

パーカ腰巻きで
ウエストまわりを
アレンジ

スウェットマキシスカートには、あえてグレーのパーカを腰に巻くのもおすすめ。ウエストのワンポイントになります。足元はぺたんこサンダルでラフに仕上げます。

down vest … PLST
tops … UNIQLO
bottoms … GU
bag … L.L.Bean

肌寒い日は
ダウンベストで適度な
ボリューム感をプラス

肌寒くなってきたら、ダウンベストを合わせます。ダウンベストならマキシ丈と合わせても重くならずに着こなせます。色は黒よりもネイビーが着回しやすいのでおすすめ。

リラックス ｜ RELAX

NO._03. All-in-one
オールインワン

shirt … **UNIQLO**　all-in-one … **UNIQLO**
bag … **UNITED ARROWS**

ノースリシャツを羽織って
オールインワンを大人っぽく着こなす

黒のオールインワンはカジュアルになり過ぎず、大人っぽく着こなせます。ノースリーブシャツの前を開けてベスト風に合わせてスタイリッシュに。

all-in-one … **GU**　tops … **UNIQLO**
bag … **ZARA**

夏のオールインワンは
×ノースリーブで爽やかに

デニム生地のオールインワンは気取らないラフな雰囲気に。夏はインナーにノースリーブを、秋冬は長袖のカットソーやニットと合わせるとまた違った印象に。

リラックス

All-in-one
NO._03

shirt ... **GAP**　all-in-one ... **GAP**
bag ... **UNITED ARROWS**

力が抜けたスウェット素材には
ゆるシャツを合わせて

スウェット素材のオールインワンは、ゆるっと着られて便利。ダンガリーシャツを羽織り、袖を無造作に折り返すとこなれた印象に仕上がります。

coat ... **UNIQLO**　tops ... **UNIQLO**
all-in-one ... **GU**　bag ... **L.L.Bean**

冬はミリタリーアウターで
メンズライクに着こなす

デニム生地のオールインワンは、冬はメンズライクな雰囲気のアウターを合わせます。長め丈のアウターを選ぶとバランスがとりやすいです。

Key item ≫ T-SHIRTS [Tシャツ]

Tシャツはゆるいvネック
白とグレーがあれば着回せる

主役としてもインナーとしても活躍してくれるTシャツ。
シンプルなアイテムだからこそ
形やサイズにはこだわりたいところ。
GUのVネックTシャツは古着のようなクタッと感がお気に入り。
色は白とグレーの2色あると色々と着回せて便利です。

シンプルTシャツを上質に見せる着こなしポイント

シンプルなTシャツスタイルには
小物をアクセントに

Tシャツ×デニムなどのシンプルコーデは地味になりがち。物足りなさを感じたときは、サングラスや眼鏡を胸元にかけるとアクセントに。ハットやカラーバッグなどの小物をきかせるのもおすすめ。

裾はフロントのみインすると
こなれた雰囲気に

Tシャツの裾はボトムにインすると今風の着こなしに。ただし、全部インするのではなく、フロント部分を一部入れるのがポイント。両サイドの裾は引き出しておくと、ラフな雰囲気に。

重ね着すると
ウエストにニュアンスが出る

サイズと色が異なるTシャツを重ね着するのもおすすめ。中に着たTシャツの裾をチラッと見せることで、ウエスト部分にニュアンスが加わり、コーデにメリハリが出ます。

Key item » COAT [コート]

カジュアルにもハンサムにもなれる
コートは着回し力重視で選ぶ

コートは冬のコーディネートに欠かせない存在だけに、
着回しがきくものを選びます。
合わせるものによってカジュアルにも
ハンサムにもなり得る、
色んな顔を見せてくれるコートがお気に入り。

クローゼットにあると便利なコートたち

① チェスターコート

デニムと合わせるとカジュアルに、きれいめパンツと合わせるとハンサムにも着こなせるチェスターコートは着回し力抜群。コートは見た目の面積が大きいため、重くなりがちな黒よりもネイビーやキャメルを選びます。

> きれいめカジュアル
> ハンサム

② ガウンコート

首元がやわらかなシルエットのガウンコートは、羽織るだけでこなれた雰囲気に見せてくれる優秀アイテム。カッコよくも可愛くも着回せます。キャメルはどんな色にも合わせやすいのでおすすめ。

> きれいめカジュアル
> スイートカジュアル
> ハンサム　リラックス

③ ダウンベスト

季節の変わり目に活躍してくれるダウンベスト。パンツだけでなく、スカートとも相性抜群。シャツ、Tシャツ、カットソー、ニットなどインナーを問わず着回せます。

> きれいめカジュアル
> スイートカジュアル
> リラックス

④ ショートダウン

重くなりがちなダウンコートも、明るい色味なら軽やかに着ることができます。ベージュのショートダウンは、カジュアルになり過ぎず上品に着こなせます。

> きれいめカジュアル
> リラックス

⑤ ミリタリーコート

存在感のあるミリタリーコートは、メンズライクなコーディネートにピッタリ。ダメージデニムやホワイトデニムなどと合わせ、ボリューミーなシルエットを楽しみます。

> きれいめカジュアル
> リラックス

Key point » HAIR STYLE [ヘアスタイル]

ヘアが決まれば
プチプラが上質に見える

ファッション、メイク、ヘアスタイルは三位一体。
ファッションに合わせてメイクとヘアを変えることで
いつものコーディネートが
グッと上質なものに見えます。
ダウンヘアスタイルとアップスタイルを上手く
使い分けるのがポイント。

ファッションに合わせてヘアアレンジを楽しむ

ゆる巻き

カジュアルコーデにはゆる巻きがおすすめ。太めのコテを使用し、大きなカールを作ります。内巻き・外巻きを交互に繰り返すMIX巻きをし、仕上げに手ぐしやブラシでカールをしっかりほぐします。

巻き髪ダウンスタイル

上半身がシンプルな洋服のときは、ダウンスタイルがおすすめ。コテで巻くと華やかで大人っぽい雰囲気に。

しっかり巻き

華やかさを盛りたいときはしっかり巻きがおすすめ。ゆる巻き同様、太めのコテでMIX巻きをし、カールをしっかりつけます。軽く手ぐしでほぐせば完成。

無造作アップスタイル

首元にボリュームがある洋服や、スッキリ見せたいときはアップスタイルがおすすめ。手ぐしで無造作にまとめるのがポイント。

おだんごスタイル

先に髪全体を軽く巻いておくのがポイント。毛先がまとまりやすくなり、適度なボリュームが出て無造作感がアップします。

大人ポニーテール

軽く巻いた髪を、手ぐしでひとつにまとめます。耳の後ろあたりで結び、後頭部の髪をコームや指で引き出し、少しこんもりさせるとオシャレな仕上がりに。両サイドの髪も軽く引き出します。

Part _5
Eyebrows Lesson
アイブロウレッスン

知っておきたい眉メイクテクニック

眉は顔の印象を左右する重要なパーツ。
基本的な眉の描き方やアレンジ方法をご紹介します。

HOW TO MAKE UP - BASIC EYEBROW
01
眉の各名称と基本ルール

ここでは眉の各パーツの名称と、
それぞれの目安の位置をご紹介します。

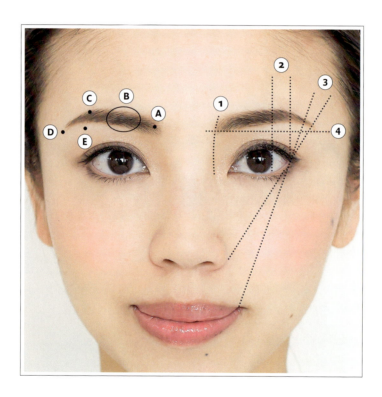

NAME OF EYEBROW PARTS : 眉の各名称

(A) **眉頭** …… 眉の中で一番顔の中心に近い部分。眉頭の角度は女性なら45〜75度が理想。

(B) **眉中** …… 眉頭〜眉山までの部分を指す。もともと一番眉毛が多く生えている場所。

(C) **眉山** …… 眉の中で一番高い部分。黒目のフレームの外側〜目尻の間に作ると自然に見える。

(D) **眉尻** …… 一番外側にある眉の終点。眉の中で一番細くなる部分。

(E) **眉下山** …… 眉の下のアウトラインの一番高い部分を指す。眉山の位置よりも外側に描くのがポイント

**① 眉頭はノーズラインと
自然につながる位置を目安に**

眉頭は"ノーズライン(鼻筋)と自然につながる場所"に置くのが基本。この位置を基準に、顔を濃く見せたいときは眉頭をやや内側に、優しい顔立ちに見せたいときはやや外側にします。

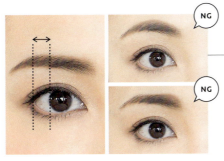

**② 眉山は黒目のフレームより外側
眉の中で一番高くなるように**

眉山は"黒目のフレームの外側〜目尻の真上"の間に置くのが基本。これよりも内側にしたり、外側にしたりするとバランスが悪くなりがち。また、眉山が眉の中で一番高くなるのが理想的。

右上:眉山が内側過ぎてバランスが悪い
右下:眉山よりも眉頭を高くすると困り顔に

**③ 眉尻の長さは、
「口角と目尻を結んだ延長線上」と
「小鼻と目尻を結んだ延長線上」の
間を目安にする**

眉尻は、短めに仕上げたいときは口角と目尻を結んだ延長線上を目安に、長めに仕上げたいときは小鼻と目尻を結んだ延長線上の間を目安にします。

**④ 眉尻の高さは、
眉頭と同じかそれよりも上**

眉尻の高さは眉頭の位置を参考にして決めます。眉頭と同じ高さか、それよりも上になるように意識します。眉尻が眉頭よりも下にあると、バランスが悪く見えてしまうことも。

HOW TO MAKE UP - BASIC EYEBROW 02
眉の描き方　基本レッスン

眉は描き方によって仕上がりの良し悪しが変わるため、描く手順も大切。ここではアイブロウペンシルとアイブロウパウダーの両方を使用します。

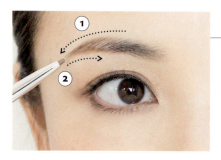

① 眉山〜眉尻の輪郭を描く

眉山から眉尻までを先に描きます。まずはアイブロウペンシルで眉山を描き、その流れで眉尻も描きます。眉山〜眉尻は徐々に細くするとバランスよく仕上がります。

〈使用アイテム〉

コスメデコルテ
ペンシルアイブロウ
BR302

POINT
・髪色よりワントーン明るい色を目安に、色を混ぜて調節する
・コシがある方のブラシを使用する

② 眉山〜眉尻にパウダーをのせる

眉山〜眉尻にアイブロウパウダーをのせます。コシがあるブラシを使用し、①で描いたペンシルのラインをぼかすように色をのせます。

〈使用アイテム〉

KATE
デザイニングアイブロウN
EX-4【ライトブラウン系】

POINT
・毛と毛の隙間を埋めるように、ブラシを左右に細かく動かしながら色をのせます。

③ 眉中にパウダーをのせる

コシがあるブラシにパウダーを取り直し、眉中にもパウダーをのせていきます。

〈使用アイテム〉

KATE
デザイニングアイブロウN
EX-4【ライトブラウン系】

④ 眉頭はブラシに残ったものを なじませる程度でOK

自然な毛並みを活かす　　眉頭を描き過ぎると不自然に **NG**

眉頭は濃い色でしっかりと描いてしまうと不自然な印象になるため、③のブラシに残ったパウダーで毛と毛の間を埋める程度で十分。
仕上げにスクリューブラシで顔の中心に向かってぼかすと自然な仕上がりになります。

〈使用アイテム〉

KATE
デザイニングアイブロウN
EX-4【ライトブラウン系】

⑤ 眉頭〜ノーズラインに シャドウを入れる

POINT
・一番明るいベージュを使用
・やわらかい方のブラシを使用する

仕上げに、ベージュに近い薄い色のパウダーをやわらかいブラシにとり、眉頭とノーズラインをつなげるようにノーズシャドウを入れます。骨格が際立ち、目鼻立ちがハッキリします。

〈使用アイテム〉

KATE
デザイニングアイブロウN
EX-4【ライトブラウン系】

Finish!

これで完成！
もう片方の眉も同じ手順ですすめます。

HOW TO MAKE UP - ADVANCED EYEBROW 01

眉頭を制す者は眉を制す！
・ 自然に見える眉頭の描き方 ・

眉の中でも特に意識したいのが眉頭。左右の高さや角度が違っていると、他の部分を同じように描いても左右チグハグに見えてしまいます。

── まずは現状の眉頭をチェックしてみましょう ──

① 左右の眉頭の高さ
左右の眉頭の高さが合っているかどうかを確認します。

② 左右の眉頭の角度
眉頭の形や角度が左右対称になっているかどうかを確認します。

③ 中心からの距離
顔の中心からの距離が合っているかどうかを確認します。

左右の眉頭の高さが違う場合のレスキュー法

眉頭の角度や中心からの距離が異なる場合は、眉カットで不要な部分を処理します。左右の高さが違っている場合は、ペンシルやパウダーを使用し、低い方の眉頭の上部分を描き足すのがポイント。

眉頭の角度は 45〜75度が理想

女性の場合、眉頭の角度は45〜75度が理想です。女性らしくフェミニンに見せたいときは眉頭をややなだらかに、ハンサムに見せたいときは75度程度を意識するのがポイント。

NG 90度に近い眉頭は男らしくなり過ぎる

NG 45度より低くするとバランスが悪くなる

・キレイに見える眉尻の描き方・

横から見た眉が意外と変！

正面からは完璧に見える眉も、横から見ると眉尻が残念な女性が意外と多いです。他人からは正面よりも横顔を見られる機会が多いため、気をつけたいところです。

特に多いのが以下2つの残念眉です

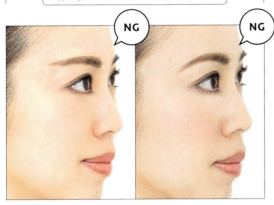

眉尻上がり過ぎ
× 横から見ると眉尻が上昇し過ぎている
○ 眉尻は、眉山よりも低い位置にあるのが理想的

眉尻下がり過ぎ
× 横から見ると眉尻が下がり過ぎている
○ 眉尻は眉頭と同じ高さか、それより上に位置するのが理想的

骨格に沿った自然なカーブ
◎ 眉尻は、眉山から骨格に沿って下げると自然に仕上がる
◎ 眉尻はキュッと細くすると横顔がきれいに見える

Point!
描いたら必ず横からチェック

眉は正面から見た印象と横から見た印象が異なることも多いため、眉メイク後は必ず横顔も鏡でチェックすることが大切。眉尻が上がり過ぎていたり、下がり過ぎていたりする場合は、横顔を鏡で見ながら自然に見えるように修正します。

HOW TO MAKE UP - ADVANCED EYEBROW 03

眉毛が一部生えてこない…そんなときは？

・ 自然に眉を描き足すテクニック ・

眉毛が生えてこなくなった部分に、自然に眉を描き足したい場合は、どのようにメイクしたらよいのでしょうか。

"眉下山"を自然に描き足す場合のメイク法を2つご紹介します。

Pencil
アイブロウペンシルで描き足す

生えてこない部分に眉を描きたい場合、アイブロウパウダーだけでは色がのりにくいので、アイブロウペンシルで描き足します。

①
まずはアイブロウペンシルで足りない部分に眉のラインを描き足します。

↓

②
コシがあるブラシにアイブロウパウダーをとり、ペンシルで描いたラインをぼかすように色をのせると自然に仕上がります。

↓

③
完成！

使用アイテム
コスメデコルテ ペンシルアイブロウ BR302
KATE デザイニングアイブロウN EX-4【ライトブラウン系】

Liquid
アイブロウリキッドで描き足す

よりナチュラルに仕上げたい場合は、アイブロウリキッドを使用します。

①
眉毛が足りない部分に細い毛を一本一本描き足すように使用します。

↓

②
コシがあるブラシにアイブロウパウダーをとり、毛と毛の隙間を埋めるように色をのせていくと自然に仕上がり、描き足したようには見えません。

↓

③
完成！

使用アイテム
インテグレート ビューティーガイドアイブロー BR621
KATE デザイニングアイブロウN EX-4【ライトブラウン系】

― 左右同じように描けない…どうすればいいの？ ―

・ 左右対称に眉を描くコツ ・

「左右対称に眉を描くのが苦手」という人も、いくつかコツを掴むことで、左右のバランスがとれるようになります。

① 顔全体が見える大きさの鏡を使用する

小さな鏡でメイクするのはNG。片眉ずつしか見ることができず、左右の形を合わせるのが難しくなります。顔全体が見える大きめの鏡を選び、真正面から見るようにします。

② 光の当たり方が左右同じ場所でメイクする

顔の左右への光の当たり方が異なると、骨格が実際のものと異なって見え、同じように描いたつもりでも左右チグハグに…。顔全体に均等に光が当たる場所を選びます。

③ 左右の眉頭の高さ・距離を合わせる

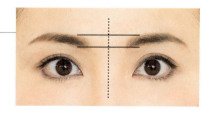

左右の眉頭の高さや中心からの距離が違っていると、左右対称には見えません。左右の高さや距離が異なる場合は、P110を参考にして眉頭の高さを合わせます。

④ 描きやすい方の眉から描く

両眉を修正し続けると、なかなか左右対称にはなりません。描きやすい方の眉を描き、その形をベースに、もう片方の眉をひたすら近づけるように意識します。

⑤ 眉山の位置を具体的に決める

片眉を描いたら眉山の位置を具体的に把握します。「目尻の真上」など具体的な位置を把握し、もう片方の眉山も同じ場所に軽く印をつけて眉山を描きます。

これら5つのポイントを押さえることで左右のバランスがとりやすくなります。

── 自分に似合う眉型をチェック！ ──

・顔型別！ 似合う眉・似合わない眉・

顔型によって似合う眉と、あまり似合わない眉とが存在します。
自分の顔型により似合う眉を知っておくことも大切です。

眉の種類

① 曲線ベース・眉全体がアーチ型
② 曲線ベース・弧が低く直線に近いアーチ型
③ 曲線ベース・弧が高いアーチ型
④ 直線ベース・眉山のみアーチ型
⑤ 直線ベース・眉山に角度をつける
⑥ 太めの直線眉・眉山に角度をつける
⑦ 太めの直線眉・眉山のみアーチ型
⑧ 眉の角度がキツイ上昇眉

【卵型】

似合う	似合わない
	特になし

比較的どのような眉の形も似合います。ファッションに合わせて色々な眉にチャレンジしてみてはいかがでしょうか。

【面長型】

似合う	似合わない
	※似合わないわけではありませんが、ハンサムな顔立ちの人は弧が高いアーチ型は避けた方が無難

卵型同様、比較的どのような形の眉も似合います。顔立ちが大人っぽくハンサムだな…と感じる人は、アーチ型よりも直線的な眉を選ぶのがおすすめ。

【丸型】

似合う	似合わない

ふっくらと女性らしい輪郭の丸型は、丸みがあるアーチ眉が相性抜群。直線ベースの眉を描くときは、眉山をアーチ型にするのがおすすめ。逆に直線だけで構成される眉は、輪郭とマッチしにくい傾向に。

【ベース型】

似合う	似合わない

※似合わないわけではありませんが、上の2つはメンズライクになり過ぎるので避けた方が無難

ベース型はフェイスラインの骨格がしっかりしているため、直線的な眉が似合います。ただし直線のみで構成される眉はややキツイ雰囲気に仕上がるのでNG。眉山に丸みを持たせるのがポイント。アーチ型の眉を描く場合は、弧が低く直線に近いアーチがおすすめ。

【逆三角形型】

似合う	似合わない

※似合わないわけではありませんが、眉山に角度をつけたり、眉の角度を上昇させ過ぎたりするのは避けた方が無難

あごのラインがシャープな逆三角形型は、直線ベースの眉が似合います。ただし、眉山に角度をつけたり、眉に角度をつけ過ぎたりすると、あごがよりとがって見え、攻撃的な顔立ちに…。あまり角度をつけ過ぎず、眉山をアーチ型にするのがおすすめ。

―― 見た目-3キロも夢じゃない!? ――

・ 小顔に見える眉の描き方 ・

少しでも小顔に見せたいと願う女性は多いはず。実は眉を3ヵ所意識するだけで、顔をひとまわりほっそり小顔に見せることができるのです。

OK!　　NG

⟨ **HOW TO MAKE UP** ⟩

① 少し上昇気味に描く

眉はあえて少し上に引き上げるよう、上昇気味に描くのがポイント。眉の角度が上がることで、頬もキュッと引き上がって見えます。

② 少し長めに描く

眉を長めに描くと眉尻と髪の生え際の間にある余白が埋まり、顔が小さく見えます。眉尻は小鼻と目尻を結んだラインの延長線上を目安にするとバランスがとれます。

③ 眉頭同士をやや近めに描く

左右の眉頭同士をやや近めに描くと小顔に見えます。眉頭はノーズラインと自然につながる位置が基本なので、その位置よりほんの少しだけ内側に寄せて描きます。

POINT 01

☑ 眉の角度は「目頭と目尻を結んだライン」より少し引き上げる

眉の角度は、上昇させ過ぎるとキツイ印象になるためNG。目頭と目尻を結んだラインより、5度程度角度をつけるとバランスよく仕上がります。

 →

POINT 02

☑ 困り眉は太って見えることも……

眉頭が一番高い、末広がりの八の字型の"困り眉"は顔の重心が下に見え、フェイスラインがふっくら見えてしまいます。眉頭よりも眉山が高くなるように意識し、困り眉になるのを防ぎましょう。

OK! フェイスラインがグッと上がって見える
NG フェイスラインが下がって見える

NG

第一印象もバッチリ！

・ 優しい顔に見える眉の描き方 ・

顔のパーツの中でも、特に顔の印象を左右するのが眉。以下のポイントを意識すると、優しく親しみやすい顔立ちに近づけます。

HOW TO MAKE UP

① 左右の眉頭の距離を少し離す

眉頭は、左右の距離を少し離して描くとやわらかな表情に見えます。親しみやすい顔立ちに見せたいときは、あえて少し離して描くのがポイント。

② 眉山をアーチ型にする

眉山をなだらかなアーチ型にすることで、表情がより優しく見えます。

③ 眉の輪郭をぼかしてふんわり描く

眉の輪郭をきっちり描くより、ぼかしながらふんわり描いた方が顔全体にやわらかさが生まれ、話しかけやすい雰囲気に。

| POINT 01 |

☑ 眉頭の位置はノーズラインの延長線上よりやや外側に

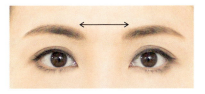 

左右の眉頭を少し離すことで、優しい顔立ちに。眉頭はノーズラインと自然につながる位置が基本なので、その位置よりやや外側を意識します。

ノーズラインの延長線上よりやや外側になるように、不要な毛をカットします。

| POINT 02 |

☑ 上下のアウトラインがなだらかな曲線になるように

アーチ型の眉山を作るときは、眉山と眉下山の両方が曲線になるように意識して描くのがポイント。

眉山に角度をつけるとキツイ印象に…。

| POINT 03 |

☑ アイブロウパウダーをメインで使用してふんわり仕上げる

眉毛が足りない部分や眉尻のみアイブロウペンシルを使用し、その他はアイブロウパウダーを使用すると、ふんわり眉に近づけます。

輪郭をクッキリ描き過ぎると近寄りがたい雰囲気に…。

―― 周囲が思わずドキッとしちゃう！――

・ 女らしさが際立つ眉の描き方 ・

眉の形ひとつ変えるだけで、顔立ちがガラリと変わります。フェミニンで女性らしい雰囲気に見せたいときは、3つのポイントを意識して描きます。

より女性らしい

ややハンサム

＜ HOW TO MAKE UP ＞

① 曲線のみで作るアーチ型の眉
なだらかな曲線で構成されるアーチ型の眉は、表情をふんわりと女性らしく見せてくれます。

② 眉が太くなり過ぎないように
眉は太く描き過ぎるとボーイッシュな雰囲気になってしまうので、女性らしく見せたいときはあまり太くなり過ぎないように意識します。

③ 眉尻はキュッと細めに
眉尻をキュッと細く描くことで、色気もプラスされ、横顔もグッと美しく見えます。

/ POINT 01 \

☑ 上下のアウトラインが曲線になるように意識する

アーチ型の眉を描くときは、眉頭〜眉尻がなだらかな曲線になるように意識します。眉の下のアウトラインも同様、曲線を意識します。

/ POINT 02 \

☑ 眉全体が太くなり過ぎないようにメリハリをつける

眉頭が一番太く、眉尻にかけて徐々に細くなるように。　　眉全体を太く描き過ぎるとボーイッシュな雰囲気に。

/ POINT 03 \

☑ 眉尻はキュッと細くすると女性らしく見える

眉尻はアイブロウペンシルを使用してキュッと細く描くのがポイント。

> 眉は長めに描くと華やかな雰囲気に、短めに描くと上品な雰囲気に仕上がります。

実は普段のケアが重要!
失敗しない眉のお手入れ方法

眉メイクの仕上がりを良くするためにも、定期的に眉のお手入れをすることが大切。セルフケアでおすすめのアイテムをご紹介します。

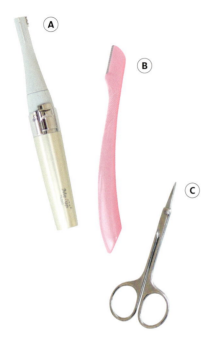

> 眉のお手入れで使用するアイテム

(A) 電動シェーバー（眉用）

肌当たりが優しく、安心して使える電動シェーバー。特に眉用は刃が小幅なため、細かい部分の毛もしっかり処理することができます。

(B) 安全カミソリ（眉用）

手軽に使えるのが魅力の安全カミソリ。顔用よりも眉用の方が、刃が小幅に作られているのでおすすめ。刃が錆びていないか、刃こぼれしていないかを毎回確認してから使用すると安心です。

(C) 化粧はさみ

眉毛の長さ自体をカットするときに使用するはさみ。刃の部分がやや反り返っているタイプがおすすめ。狙った毛をスムーズにカットすることができます。使用時は、反り返った方を外側に向けて使います。

毛抜きでのケアは最小限に!

まぶたの不要な毛は毛抜きで抜きたくなりますが、力任せに抜いたり、頻繁に処理したりすることで、まぶたのたるみや埋没毛を引き起こすことも。場所によっては抜き過ぎて生えてこなくなることもあります。不要な毛ははさみでカットしたり、シェーバーで除去するのがおすすめ。

眉のお手入れ手順

素顔でいきなり眉カットするのはNG！　洗顔後に眉カットをする人が多いのですが、素顔の状態で眉カットすると、どこまでカットしたらよいか分からず、つい切り過ぎてしまったり、左右チグハグになったり、失敗を招きやすいのです。

　　　　　以下の手順で行うと失敗しにくいのでおすすめです

まずはいつも通りの眉メイクをした状態でスタートします。

眉メイクからはみ出した部分の毛を化粧はさみで根元からカットします。カットした毛は"不要な毛"という目安になります。

　　　　　洗顔・スキンケア

洗顔、スキンケアをして肌が清潔な状態になったら、②でカットした部分を参考に、電動シェーバーや安全カミソリで不要な眉毛をケアします。

Point!　眉メイクをしている状態で先に不要な毛をカットすることで、不要な毛が短くなり、メイクを落としても「ここまでは除去してもOK」という目安になります。

自然な眉に見せるカギ！
眉メイクアイテムの色選びのポイント

自然な眉を描くには色選びも重要。合わない色で描くと不自然に見えやすいため、自分に似合う眉色を知っておくことが大切です。

☑ 髪の色を参考に眉色を選べばOK

POINT 01

☑ 髪色と同系色を選ぶ

眉メイクアイテムの色を選ぶときに参考にしたいのが"髪の色"。例えば同じブラウンでも黄味が強いブラウンと、赤味が強いブラウンとでは似合う眉色が異なります。まずは自分の髪色をしっかりチェックし、"同じ系統の色"を選ぶのがおすすめです。

★ひとこと

髪色が判断しにくい場合は、髪を染めるときに美容師の方に色味を確認してみてください。また、髪色が暗いブラウンの人はダークブラウンの色味を、髪色が真っ黒な人は、ダークブラウンやグレーに近い色味を選ぶと髪と眉のバランスがとれます。

POINT 02

☑ 髪色よりワントーン明るい色味を選ぶ

髪色よりも濃い色で描いてしまうと、眉が主張し過ぎて顔全体のバランスが悪く見えてしまいます。逆に髪色よりかなり明るい色で描くのもNG。眉は薄過ぎると表情が乏しく見えたり、不健康に見えたりしてしまいます。髪色よりもワントーン明るい色を選ぶと自然に仕上がります。

★ひとこと

アイブロウペンシルは、見ている色と実際肌にのせたときの色が異なることもあります。見た目で判断するのではなく、店頭テスターで色味を確認するのがおすすめ。

薄すぎる　　OK　　濃すぎる

仕上がりを左右する！
上手に描ける眉メイクアイテムの選び方

眉メイクアイテムの選び方ひとつで眉の描きやすさが変わり、
仕上がりが格段に良くなります。

01　アイブロウペンシル選びのコツ

POINT 01

☑ 先が細いペンシルを選ぶ

ペンシルは先が細いものの方が、眉尻や細かい部分が描きやすいのでおすすめです。
削って使う鉛筆タイプのものは、毎回軽く削って先が細い状態で描くことが大切です。
繰り出しタイプの場合は、楕円形のものよりも、先が丸く細いものを選ぶようにします。

POINT 02

☑ 芯がやわらかいものを選ぶ

アイブロウペンシルの芯が硬いと肌に色がのりづらく、上手く描けません。芯がやわらかいものの方がスルスルと描きやすく、肌への刺激にもなりにくいです。店頭にあるテスターを試してみて、描きやすいものを選ぶのがポイント。

POINT 03

☑ スクリューブラシがついているものを選ぶ

眉の毛並みを整えたり、描いた眉をぼかしたり、何かと使えるスクリューブラシ。ペンシルの後ろにスクリューブラシがついているものを選ぶと、ちょっとしたときに使えるのでおすすめ。

02　アイブロウパウダー選びのコツ

POINT 01

☑ 理想は３色！　パウダーが２色以上入っているものを選ぶ

アイブロウパウダーは濃いめの色とベージュに近い明るめの色と、２色以上入っているものを選びます。３色以上入っていると、より色の調整がしやすく、ファッションに合わせて眉色を変えることもできるのでおすすめ。

眉尻・眉中
眉頭・ノーズシャドウ

POINT 02

☑ 付属のブラシが２種類あるものを選ぶ

付属のブラシは、コシがあるものとやわらかいものと２種類ついているものを選びます。
眉尻、眉山、眉中にはコシがある方を使用し、ノーズシャドウにはやわらかい方を使用すると自然に仕上がります。

コシがあるブラシ

やわらかいブラシ

KATE
デザイニングアイブロウN
EX-4【ライトブラウン系】

ジルスチュアート
アイブロウパウダー 01

玉村 麻衣子（たまむら・まいこ）／美眉アドバイザー

アイブロウ技術者資格『Browtist（ブロウティスト®）』を保有し、眉のプロフェッショナルとして活動中。「眉は表情を生み出し、印象を変える大切なパーツ」という理念のもと、人の骨格や筋肉に基づいた"最も似合うアイブロウデザイン"の提案や、理想のイメージに近づくためのアイブロウメイクのポイントを、セミナー、ワークショップ、各メディアでの執筆活動を通じて紹介している。

LINE オフィシャルブログ
『美眉アドバイザー 玉村麻衣子公式ブログ』
http://lineblog.me/maiko_tamamura

インスタグラム
@maiko_tamamura

著者	玉村 麻衣子
撮影	アレキサンダー麻美
編集	サントラップ
装丁・デザイン	BABU

撮影協力
・CHOU DE RUBAN　・SWITCH COFFEE TOKYO

いつものコーデが見違える！
美眉メイク＆プチプラコーデの作り方

2016年9月25日　初版第一刷発行

発行者	永田勝治
発行所	株式会社オーバーラップ
	〒150-0013　東京都渋谷区恵比寿1-23-13
印刷・製本	大日本印刷株式会社

©2016 Maiko Tamamura/OVERLAP
2016 Printed in Japan
ISBN978-4-86554-154-0 C0077

＊本書の内容を無断で複製・複写・放送・データ配信などをすることは、固くお断りいたします。
＊乱丁本・落丁本はお取替えいたします。下記カスタマーサポートセンターまでご連絡ください。
＊定価はカバーに表示してあります。

【オーバーラップ　カスタマーサポート】
電話　03-6219-0850
受付時間　10：00～18：00（土日祝日をのぞく）
http://over-lap.co.jp/lifestyle/

PC、スマホから
WEBアンケートに
ご協力ください

●サイトへのアクセスの際に発生する通信費等はご負担ください。

http://over-lap.co.jp/865541540